Aussprachelehre der deutschen Sprache: Aussprachemechanismus und praktische Anwendung

Deutsch gut und richtig aussprechen!

ドイツ語の発音の しくみと実践

基礎から理論まで

新倉真矢子

SANSHUSHA

無料音声ダウンロード・ストリーミング利用の方法
ナレーターによる音声

1. PC・スマートフォンで本書の音声ページにアクセスします。

https://www.sanshusha.co.jp/np/onsei/isbn/9784384060249/

2. シリアルコード「06024」を入力。

3. 音声ダウンロード・ストリーミングをご利用いただけます。

はじめに

　本書は、ドイツ語の発音に関心のある人、ドイツ語の文字を正しく読めるようになりたい人、ドイツ語の発音を良くしたい人、リスニング力を高めたい人、ドイツ語の発音の背景にある知識を得たい人のために書かれました。

　発音は、人とのコミュニケーションに不可欠な要素です。正しく伝わるドイツ語の発音を身につけるためには、ドイツ語の音声のしくみを知り、繰り返し練習することが必要です。ドイツ語の文字が正しく読めることや、日本語にない音、文字通りの音と異なる音が聞き取れることも発音を良くすることにつながります。

　ドイツ語の文字の読み方には複数の原則があります。文字と音の対応関係（音の原則［Lautprinzip］）を基本に、語幹の形を保つために音より文字を優先させることがあります（語幹の原則［Stammprinzip］）：*Tag*, *Tage*（複数形）, *täglich*（形容詞）。また、音節を単位として母音の長短を文字で調整します（音節の原則［Silbenprinzip］）。他に語義や語史をもとにした原則もあります。このように文字を正しく読むためには、語形成や音節構造の知識も絡んでいます。

　本書では豊富な例語や例文、会話文を使った発音練習や詳しい解説を通して、発音や聞き取りの力を高め、さらに語彙力のアップも目指します。

本 書 の 構 成

本書は、発音を導入する【準備編】、正しいドイツ語の発音を目指す【本編】、音声学の知識を学ぶ【理論編】、応用的に練習する【実践編】の4部からなります。各部の最後や区切りには発音チェックシートを設けました。自分がどの程度理解できたかを確かめてください。

▎準 備 編

ドイツ語の文字が正しく「読める」ことを目指し、発音の決まりについて簡単に説明します。例語や会話を使って発音練習を行い、発音の規則について一通り概観して【本編】に繋げます。語彙は CEFR の A1 ～ A2 のレベルです。

▎本 編

さらに詳しく文字と音の関係を説明します。日本人が不得意とする音の発音の仕方を解説し、発音練習を行います。発音は、語彙と文法を絡めると効果が高まるとされていますので、CEFR の A1 ～ B1 レベルの語彙や一部文法事項を取り上げ、単語を使って練習し、文や会話へと広げます。聞き取り練習には2つの音声を比較しながら聞き取る二者択一の問題などが含まれます。さらに一つ一つの音を超えるレベル（音節、句、文など）に係る語アクセントや文アクセント、イントネーションなども練習を通して身につけるようにします。

▎理 論 編

ドイツ語発音の規則を理論的に解説します。音声学・音韻論の分野です。理論に裏打ちされた知識があってはじめてドイツ語の発音を応用的に使いこなすことができるようになります。

▎実 践 編

詩、童話、演説、文学作品といったジャンルのドイツ語を使って言語リズムや聞き取りの練習を通して自然な発音を目指します。

目　次

理論編

実践編

● アルファベット

A	B	C	D	E	F	G	H	I
アー	ベー	ツェー	デー	エー	エフ	ゲー	ハー	イー
[aː]	[beː]	[tseː]	[deː]	[eː]	[ɛf]	[geː]	[haː]	[iː]

J	K	L	M	N	O	P	Q	R
ヨット	カー	エル	エム	エン	オー	ペー	クー	エル
[jɔt]	[kaː]	[ɛl]	[ɛm]	[ɛn]	[oː]	[peː]	[kuː]	[ɛʁ]

S	T	U	V	W	X	Y	Z
エス	テー	ウー	ファウ	ヴェー	イクス	ユプシロン	ツェット
[ɛs]	[teː]	[uː]	[faʊ]	[veː]	[ɪks]	[ʏpsilɔn]	[tsɛt]

● ドイツ語特有の文字

Ä	Ö	Ü	ß
アーウムラウト	オーウムラウト	ウーウムラウト	エスツェット
[aː umlaʊt]	[oː umlaʊt]	[uː umlaʊt]	[ɛs tsɛt]

● アルファベット文字の読み方

[eː] で終わる	B	C	D	E	G	P	T
	ベー	ツェー	デー	エー	ゲー	ペー	テー
	[beː]	[tseː]	[deː]	[eː]	[geː]	[peː]	[teː]

[aː] で終わる	A	H	K
	アー	ハー	カー
	[aː]	[haː]	[kaː]

英語とほぼ同じ	F	L	M	N	S
	エフ	エル	エム	エン	エス
	[ɛf]	[ɛl]	[ɛm]	[ɛn]	[ɛs]

ローマ字読みとほぼ同じ	A	E	I	O	U
	アー	エー	イー	オー	ウー
	[aː]	[eː]	[iː]	[oː]	[uː]

読み方に 注意が必要	J	Q	R	V	W	X	Y	Z
	ヨット	クー	エル	ファウ	ヴェー	イクス	ユプシロン	ツェット
	[jɔt]	[kuː]	[ɛʁ]	[fau]	[veː]	[ɪks]	[ʏpsilɔn]	[tsɛt]

英語と 混同しやすい	E	I
	エー	イー
	[eː]	[iː]

004 次の略語のアルファベットを読みましょう。

BRD	(Bundesrepublik Deutschland)	ドイツ連邦共和国
EU	(Europäische Union)	ヨーロッパ連合
IRK	(Internationales Rotes Kreuz)	国際赤十字（社）
VW	(Volkswagen)	フォルクスワーゲン社
BMW	(Bayerische Motorenwerke AG)	バイエルン自動車製造株式会社
DB	(Deutsche Bahn)	ドイツ鉄道

005 ● **ABC の歌**

A B C D E F G. H I Jot K L M N O P.

Q R S T U V W. Q R S T U V W.

X Yp-si-lon Z: Ju-hee. Das ist hier das A B C.

9

準備編

　準備編では、文字が正しく読めることを目指します。文字を見ながら音声を聞き、繰り返し発音してください。

　はじめに抑えておくべき事柄は以下の2点です。

・ドイツ語の文字は、ローマ字読みを基本にします。
・アクセント（強勢）は通常、語の最初の音節（母音）にあります。アクセント（強勢）のある音節（母音）は、多少強く（高く・長く）発音します。

　ドイツ語には日本語にないドイツ語音や日本語の音に似ていてもドイツ語では異なる音があり、ローマ字では表せない音があります。正確な発音を身につけることを目指し単語には発音記号がつけられています。発音記号になじみのない方もいると思いますので、最初はあまり発音記号にこだわらず、文字を見て音声を聞きながら繰り返し練習することに集中してください。

　発音記号は、国際音声学協会の国際音声記号（IPA: Internationales Phonetisches Alphabet）が使われています。発音記号は [ ] で囲み、文字は〈 〉で表し、アクセント（強勢）のある長母音、二重母音には「＿」、短母音には「．」がつけられています。「ː」は音をのばす印です。

　▶【導入編】の会話文には内容語（名詞・動詞・形容詞・副詞など）の強音節にアクセント（強勢）を付けています。強く（高く・長く）発音しましょう。【本編】74頁、【理論編】122頁参照。

I 「長母音」と「短母音」 ///

ドイツ語の母音には比較的長めに発音する**長母音**と短かめに発音する**短母音**があります。アクセント（強勢）のある母音が**長母音**か**短母音**かを見分けるには、文字列（母音の重複、続く子音の種類・数など）がヒントになります。次の単語の母音の長短に注意しながら、音声に続いて発音しましょう。

▶ 長母音・短母音に付随する他の特性については、【本編】32 頁、【理論編】96 頁参照。

006

Bahn   Boot   Schiff

007

● **同じ母音の重複（重母音）**：長母音

     Tee [teː] 茶   Boot [boːt] ボート

    〈e〉母音の重複   〈o〉母音の重複

● **母音の後に〈h〉〈ß〉**：長母音

     Bahn [baːn] 電車   Fuß [fuːs] 足

    〈a〉の後の〈h〉は発音しない

● **母音の後に同じ子音の重複（重子音）**：短母音

     Ball [bal] ボール   Schiff [ʃɪf] 船

    〈a〉の後に子音"l" 2 個   〈i〉の後に子音"f" 2 個

次の二つは例外もありますが、ほとんどの場合に当てはまります。

● **母音の後に子音が 1 個以下：長母音**

gu̱t [guːt]　良い　　　　　　　　　Pla̱n [plaːn]　計画

〈u〉の後に子音 1 個　　　　　　　　〈a〉の後に子音 1 個

● **母音の後に子音が 2 個以上：短母音**

Ku̱nst [kʊnst]　芸術　　　　　　　　Fe̱st [fɛst]　祭り

〈u〉の後に子音 3 個　　　　　　　　〈e〉の後に子音 2 個

008
🎧 確認練習

次の語のアクセント（強勢）のある赤字の母音は長母音ですか、短母音ですか。
下線部にいずれかを書きましょう。

1) Hu̱hn（鶏）　　<u>　長母音　</u>　　2) bi̱tte（どうぞ、どうか）　_____

3) gu̱t　　　　　_____　　　　4) Ta̱sse（カップ）　　　_____

5) Be̱tt（ベッド）　_____　　　6) Fu̱ß　　　　　　　　_____

009
🎧 会話練習

ゆっくり発音しましょう。

Gu̱ten Morgen! [guːtən mɔʁɡən]　おはようございます。

Ha̱llo! [halo]　やぁ。　　Ha̱llo! [haloː]　やぁ。

Ka̱ffee oder Te̱e? [kafeː oːdɐ teː]　コーヒーそれともお茶？

Te̱e, bitte. [teː bɪtə]　お茶をお願いします。

II 変母音 Ää / Öö / Üü ///////////////////////////////////

ドイツ語には Aa / Oo / Uu の上に ¨ をつけた変母音 Ää / Öö / Üü がありま
す。変母音にも**長母音**と**短母音**があります。

次の単語の変母音に注意しながら、音声に続いて発音しましょう。

▶ 長母音・短母音に付随する他の特性については、【本編】32 頁、【理論編】96 頁参照。

010

Bär	Löffel	Müll

● **Ä / ä** [ɛː] [ɛ]

日本語の「エ」より口を少しだけ縦に広げて発音します。

011

練習 「エ」―Ä/ä―「エ」―Ä/ä

日本語の「エ」と Ä/ä を比べましょう。

Bär [bɛːɐ] 熊   Kälte [kɛltə] 寒さ

● **Ö / ö** [øː] [œ]

舌を ⟨e⟩ にしたまま唇を ⟨o⟩ のように丸めて発音します。

012

練習 e [eː] ― ö [øː] ― e [eː] ― ö [øː]   e [ɛ] ― ö [œ] ― e [ɛ] ― ö [œ]

⟨e⟩ の舌の位置を確認しながら唇を丸めて
⟨ö⟩ にしましょう。

schön [ʃøːn] 美しい   Löffel [lœfəl] スプーン

14

● **Ü / ü** [yː] [ʏ]

舌を〈i〉にしたまま唇を〈u〉のように丸めて突き出します。

013 練 習 i [iː] ー ü [yː] ー i [iː] ー ü [yː]　　　　i [ɪ] ー ü [ʏ] ー i [ɪ] ー ü [ʏ]

〈i〉の舌の位置を確認しながら唇を丸めて突き出し、
〈ü〉にしましょう。

m**ü**de [myːdə]　疲れた　　　　　　　M**ü**ll [mʏl]　ゴミ

014 確認練習

次の単語の語アクセント（強勢）のある母音は**長母音**ですか、**短母音**ですか。
下線部にいずれかを書きましょう。その後音声に合わせて発音しましょう。

1) L**ä**nge（長さ）＿＿＿＿＿＿　2) sch**ö**n　　　＿＿＿＿＿＿

3) m**ü**de　　　　＿＿＿＿＿＿　4) M**ö**bel（家具）＿＿＿＿＿＿

5) B**ä**cker（パン屋）＿＿＿＿＿＿　6) f**ü**nf (5)　　　＿＿＿＿＿＿

015 会話練習

ゆっくり発音しましょう。

Bitte sch**ö**n! [bɪtə ʃøːn]　どうぞ。

Danke sch**ö**n! [dankə ʃøːn]　どうもありがとう。

Tsch**ü**s! [tʃʏs]　バイバイ。

Das ist D**ä**nemark. [das ɪst dɛːnəmaʁk]
これはデンマークです。

Das ist K**ö**ln. [das ɪst kœln]
これはケルンです。

Das ist D**ü**sseldorf. [das ɪst dʏsəldɔʁf]
これはデュッセルドルフです。

15

III 二重母音 //

ドイツ語には3種類の二重母音があります。二重母音の二つ目の母音は、最初の母音に添えるようにアゥ、アィ、オィと発音します。

次の単語の二重母音に注意しながら、音声に続いて発音しましょう。

016 🎧

Haus   Eis   Leute

017 🎧 **1. 〈au〉** [aʊ] アゥ

Haus [haʊs] 家   Baum [baʊm] 木

018 🎧 **2. 〈ai〉〈ei〉** [aɪ] アィ

Mai [maɪ] 5月   Kaiser [kaɪzɐ] 皇帝

Eis [aɪs] アイスクリーム   klein [klaɪn] 小さい

019 🎧 **3. 〈eu〉〈äu〉** [ɔɪ] オィ

Leute [lɔɪtə] 人々   heute [hɔɪtə] 今日

Bäume [bɔɪmə] 木 (pl)   Käufer [kɔɪfɐ] 購入者

020 **確認練習**

次の単語の二重母音を発音記号 [aʊ], [aɪ], [ɔɪ] またはカタカナで書きましょう。
その後音声に合わせて発音しましょう。

1) B<u>au</u>m _____ 2) B<u>äu</u>me _____

3) kl<u>ei</u>n _____ 4) n<u>eu</u>n (9) _____

5) M<u>ai</u> _____ 6) h<u>eu</u>te _____

021 **会話練習**

ゆっくり発音しましょう。

Ich h<u>ei</u>ße B<u>au</u>er. [ɪç haɪsə baʊɐ]
私はバウアーといいます。

Kommen Sie aus Fr<u>ei</u>burg? [kɔmən ziː aʊs fʁaɪbʊʁk]
フライブルク出身ですか？

N<u>ei</u>n, aus H<u>ei</u>delberg. [naɪn aʊs haɪdɛlbɛʁk]
いいえ、ハイデルベルク出身です。

ie は長母音の「イー」

Auf W<u>ie</u>dersehen Fr<u>au</u> N<u>eu</u>mann! [aʊf viːdɐzeːən fʁaʊ nɔɪman]
さようならノイマンさん。

Ⅳ 語末・音節末の〈-b〉〈-d〉〈-g〉〈-s〉の無声化

〈-b〉〈-d〉〈-g〉〈-s〉は、語末・音節末で無声音 [p][t][k][s] に変わります。首のまん中あたりにある「のどぼとけ」に手を当てて有声か無声かを感じてください。震えが感じられたら有声音 [b][d][g][z]、何も感じなければ無声音 [p][t][k][s] です。▶ 有声音と無声音の区別は、【理論編】110 頁を参照。

022 次の単語の語末の子音に注意しながら、音声に続いて発音しましょう。

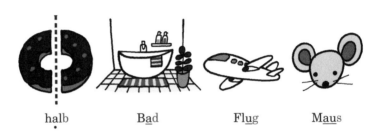

halb   Bad   Flug   Maus
 •   •   •   •

023 ● 〈-b〉は語末・音節末で [p] に

練 習　[b（有声音）— p（無声音）— b（有声音）— p（無声音）]

[b] を無声音にすると [p]

gelb [gɛlp] 黄色の　　　　　　　halb [halp] 半分の
  •   •

024 ● 〈-d〉は語末・音節末で [t] に

練 習　[d（有声音）— t（無声音）— d（有声音）— t（無声音）]

[d] を無声音にすると [t]

Abend [aːbənt] 夕方　　　　　　Bad [baːt] 風呂
    •   •

025 ● 〈-g〉は語末・音節末で [k] に

練 習　[g（有声音）— k（無声音）— g（有声音）— k（無声音）]

[g] を無声音にすると [k]

Tag [taːk] 日　　　　　　　　　Flug [fluːk] 飛行
  •   •

● 〈-s〉は語末・音節末で [s] に

練 習 [z（有声音）— s（無声音）— z（有声音）— s（無声音）]

[z] を無声音にすると [s]

Maus [maʊs]　ネズミ　　　　　Glas [glaːs]　ガラス、グラス

確認練習

次の単語の語末の子音は [p][t][k][s] のどれですか。下線部にいずれかを書きましょう。その後音声に合わせて発音しましょう。

1) lieb（好きな）_____　　2) Glas　_____

3) Tag　_____　　4) Abend　_____

5) Bus（バス）_____　　6) Land（国）_____

会話練習

ゆっくり発音しましょう。

Guten Tag! [guːtən taːk]　こんにちは。

Tag, Thomas! [taːk toːmas]　やあ、トーマス。

Guten Abend! [guːtən aːbənt]　こんばんは。

Bis bald! [bɪs balt]　また近いうちに。

Kommst du aus Tokyo? [kɔmst duː aʊs toːkio]　東京出身ですか？

kommst の語尾〈st〉は無声音

⒱ 〈w〉〈v〉の読み方 //

029 🎧　次の単語の語頭の〈w〉〈v〉に注意しながら、音声に続いて発音しましょう。

Wagen　　　　　Violine　　　　　Vogel

030 🎧 **1. 〈w〉は [v] の音です**

> 下唇の内側と前歯の間に隙間を作り、声を出します。

[v]　　wo [voː]　どこに　　　　　　　was [vas]　何が・何を
　　　Wagen [vaːgən]　車　　　　　　West [vɛst]　西
　　　　　　•　　　　　　　　　　　　•

031 🎧 **2. 〈v〉は [v]（有声音）または [f]（無声音）です**

練習　[v（有声音）― f（無声音）― v（有声音）― f（無声音）]

> [v] を無声音にすると [f]

[v]　　Violine [violiːnə]　バイオリン　　　privat [pʁivaːt]　私的な　　　[v] は外来語発音
[f]　　Vater [faːtɐ]　父　　　　　　　　　Vogel [foːgəl]　鳥

確認練習

次の単語の赤字の音は有声音 [v] ですか、無声音 [f] ですか。下線部にいずれか
を書きましょう。その後音声に合わせて発音しましょう。

1) W<u>o</u>hnung（住まい）＿＿＿＿＿　　2) Vater　　　　　　　＿＿＿＿＿

3) was　　　　　　＿＿＿＿＿　　4) Volleyball（バレーボール）＿＿＿＿＿

5) V<u>a</u>se（花瓶）　＿＿＿＿＿　　6) W<u>a</u>sser（水）　　　　　＿＿＿＿＿

033 🎧 **会話練習**

ゆっくり発音しましょう。

Wie g<u>e</u>ht es Ihnen? [viː geːt ɛs iːnən]　お元気ですか？

Wer ist das? [veːɐ ɪst das]　誰ですか？

Das ist mein V<u>a</u>ter. [das ɪst maɪn faːtɐ]　父です。

Wo w<u>o</u>hnt dein V<u>a</u>ter? [voː voːnt daɪn faːtɐ]
　君のお父さんはどこに住んでいますか？

Er w<u>o</u>hnt in W<u>ie</u>n. [eːɐ voːnt ɪn viːn]
　彼はウィーンに住んでいます。

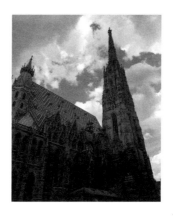

Ⅵ 〈ch〉〈-ig〉の読み方 ////////////////////////////////////

034 次の単語の〈ch〉に注意しながら、音声に続いて発音しましょう。

Licht
·

Nacht
·

1. 〈ch〉は [x] もしくは [ç] の音です　▶【本編】56 頁、【理論編】113 頁参照

「ハ」や「ホ」などの子音部分に似た強い息の音：

035 ● [x]：〈a〉〈o〉〈u〉〈au〉の直後

N<u>a</u>cht [naxt]　夜　　　　　　　K<u>o</u>ch [kɔx]　コック

B<u>u</u>ch [buːx]　本　　　　　　　au<u>c</u>h [aɔx]　…もまた

「ヒ」の子音部分：

036 ● [ç]：(〈a〉〈o〉〈u〉〈au〉以外の母音)〈i〉〈e〉〈ä〉〈ö〉〈ü〉〈ei〉〈ai〉〈eu〉〈äu〉の直後、

子音の直後、語頭

<u>i</u>ch [ɪç]　私　　　　　　　　　K<u>ü</u>che [kʏçə]　キッチン

L<u>i</u>cht [lɪçt]　光　　　　　　　　M<u>i</u>lch [mɪlç]　牛乳

Ch<u>i</u>na [çiːna]　中国

037 ### 2. 語末・音節末の〈-ig〉は [ɪç] の音です

「イヒ」の音：

bill<u>ig</u> [bɪlɪç]　安い　　　　　　w<u>e</u>n<u>ig</u> [veːnɪç]　わずかの
·　　　　　　　　　　　　　　　·

22

038 🎧 **確認練習**

次の単語の〈ch〉と〈-(i)g〉は、[ç] と [x] のどちらですか。下線部にいずれか
を書きましょう。

1) Küche ＿＿＿＿＿＿ 2) sonnig（よく晴れた）＿＿＿＿＿＿

3) lachen（笑う）＿＿＿＿＿＿ 4) Buch ＿＿＿＿＿＿

5) Milch ＿＿＿＿＿＿ 6) acht（8）＿＿＿＿＿＿

039 🎧 **会話練習**

ゆっくり発音しましょう。

Gute Nacht! [guːtə naxt]　おやすみなさい。

Bis nächste Woche. [bɪs nɛçstə vɔxə]　また来週。

Was macht ihr? [vas maxt iːɐ̯]　君たち何をしているの？

Ich bin Koch. [ɪç bɪn kɔx]　私はコックです。

Ich bin auch Köchin. [ɪç bɪn aʊx kœçɪn]　私も（女性）コックです。

Ist das Hähnchen fertig? [ɪst das hɛːnçən fɛɐ̯tɪç]　若鳥は調理出来た？

Nein, noch nicht. [naɪn nɔx nɪçt]　いいえ、まだです。

Köchin

Koch

23

VII 〈s〉〈ß〉の読み方 //

040 次の単語の 〈s〉〈ß〉に注意しながら、音声に続いて発音しましょう。

Sonne   Fu̱ß   Sport

Bu̱s   Fisch   De̱utschland

041 **1. 〈s + 母音〉**

[z]（有声音）　　le̱sen [leːzən]　読む　　　　Sonne [zɔnə]　太陽

[z] は [s] の有声音

042 **2. 〈ss / ß〉**　　[s] は「短母音」の後に ss、「長母音」の後に ß と書きます。

[s]（無声音）　　essen [ɛsən]　食べる　　　　Fu̱ß [fuːs]　足

043 **3. 語頭の 〈st- / sp-〉**　　「シュト」「シュプ」の子音部分

[ʃt]　　　　Student [ʃtʊdənt]　大学生　　　Stunde [ʃtʏndə]　時間

[ʃp]　　　　Sport [ʃpɔʁt]　スポーツ　　　　spät [ʃpɛːt]　遅い

044 **4. 語末・音節末の 〈-s〉**　　　　　　　　　　　▶ Ⅳで既出

[s]（無声音）　　Ha̱us [haʊs]　家　　　　　Bus [bʊs]　バス

045

5. 〈sch〉 「シュ」の子音部分

[ʃ]　　　Englisch [ɛŋlɪʃ] 英語　　　Fisch [fɪʃ] 魚

046

6. 〈tsch〉 「チュ」の子音部分

[tʃ]　　　Tschüs [tʃʏs] バイバイ　　　Deutschland [dɔɪtʃlant] ドイツ

047 **確認練習**

次の単語の赤字部分は [s]（ス）, [z]（ズ）, [ʃ]（シュ）のどれですか。下線部に
書きましょう。

1) essen　　＿＿＿＿＿　　2) Student　　　　＿＿＿＿＿
3) See（湖、海）＿＿＿＿＿　　4) Tennis（テニス）　＿＿＿＿＿
5) Fluss（川）＿＿＿＿＿　　6) Spanisch（スペイン語）＿＿＿＿＿

048 **会話練習**

ゆっくり発音しましょう。

Welche Sprache sprichst du? [vɛlçə ʃpraːxə ʃpʁɪçst duː]
どの言語を話しますか？

Ich spreche Spanisch und Deutsch. [ɪç ʃpʁɛçə ʃpaːnɪʃ ʊnt dɔɪtʃ]
私はスペイン語とドイツ語を話します。

Entschuldigung, ist das das Stadion? [ɛntʃʊldɪgʊŋ ɪst das das ʃtaːdiɔn]
すみません、これがスタジアムですか？

Ⅷ 〈r〉、語末・音節末の〈-r, -er〉の読み方 ////////////////////

049 次の単語の 〈r〉〈-r〉〈-er〉 に注意しながら、音声に続いて発音しましょう。

Brot   Uhr   Lehrer

050

1. 〈R/r〉は [ʁ] の音です

舌先を下の歯の裏に当てたまま舌全体を奥に引き、「のどひこ」のところに狭めを作って声を出します。

grau [gʁau]　灰色の　　　　　　　Brot [bʁoːt]　パン

Rad [ʁaːt]　自転車　　　　　　　Rot [ʁoːt]　赤

051

2. 語末・音節末の 〈-r, -er〉は [ɐ] と発音します　　軽く「ア」といいます。

Uhr [uːɐ]　時計　　　　　　　　Hunger [hʊŋɐ]　空腹

052

確認練習

次の単語の赤字部分は [ʁ]（〈r〉の音）ですか、[ɐ]（軽いア）ですか。発音記号を書きましょう。その後音声に合わせて発音しましょう。

1) Eltern（両親）　＿＿＿＿＿＿　　　2) Rad　　　　　＿＿＿＿＿＿

3) Ohr（耳）　　　＿＿＿＿＿＿　　　4) grau　　　　　＿＿＿＿＿＿

5) braun（茶色の）＿＿＿＿＿＿　　　6) Pullover（セーター）＿＿＿＿＿＿

会話練習

ゆっくり発音しましょう。 母音が続くと [ʁ]、語末・音節末では [ɐ]

Was sind Sie von Beruf? [vas zɪnt zi: fɔn bəʁuːf] 職業は何ですか？

Lehrer [leːʁɐ] 教師

Lehrerin [leːʁəʁɪn] （女性）教師

Bäcker [bɛkɐ] パン屋

Bäckerin [bɛkəʁɪn] （女性）パン屋

Kellner [kɛlnɐ] ウエーター

Kellnerin [kɛlnəʁɪn] ウエートレス

Fahrer [faːʁɐ] 運転手

Fahrerin [faːʁəʁɪn] （女性）運転手

Ich studiere Jura. [ɪç ʃtudiːʁə juːʁa] 私は法律を専攻しています。

Wohin fährst du in den Ferien? [voːhɪn fɛːɐst duː ɪn dən feːʁɪən]
休暇中にどこに行きますか？

Ich fahre nach Frankreich. [ɪç faːʁə naːx fʁaŋkʁaɪç]
私はフランスに行きます。

27

IX 〈j〉〈pf〉の読み方 /////////////////////////////////

[j]　〈J/j〉　日本語のヤ行の子音部分

Japan [ja:pan]　日本　　　　Juni [ju:ni]　6月

[pf]　〈Pf/pf〉　[p] の口をしてすぐに [f] と発音

Pferd [pfɛʁt]　馬　　　　　Apfel [apfəl]　りんご

X 同音異字の読み方 ////////////////////////////////

1. [ts]　「ツ」の子音部分

〈ds〉　　abends [a:bənts]　夕方

〈ts〉　　nichts [nıçts]　何も…ない　　nachts [naxts]　夜に

〈tz〉　　jetzt [jɛtst]　今　　　　　　Platz [plats]　広場

〈z〉　　　Zeit [tsaɪt]　時間　　　　　Zug [tsu:k]　電車

〈zz〉　　Pizza [pɪtsa]　ピザ　　　　Nizza [nɪtsa]　ニース

2. [t]

〈t〉　　　Tasche [taʃə]　かばん　　　Tante [tantə]　叔母

〈tt〉　　statt [ʃtat]　…の代わりに　　Mittwoch [mɪtvɔx]　水曜日

〈dt〉　　Stadt [ʃtat]　街　　　　　　Verwandte [fɛʁvantə]　親戚

〈th〉　　Theater [tea:tɐ]　劇場　　　Thema [te:ma]　テーマ

〈-d〉　　Hand [hant]　手　　　　　　Kleid [klaɪt]　ワンピース　▶ **IV** で既出

28

3. [k]

⟨k⟩   Kasse [kasə] レジ   kalt [kalt] 冷たい

⟨ck⟩   Ecke [ɛkə] 角   Stück [ʃtʏk] 部分

⟨ch(s)⟩   sechs [zɛks] 6   wachsen [vaksən] 成長する

⟨-g⟩   Berg [bɛʁk] 山   Fahrzeug [faːʁtsɔɪk] 乗り物

                                                  ▶ **IV** で既出

⟨q(u)⟩   Qualität [kvalitɛːt] 品質   Quittung [kvɪtʊŋ] 領収書

    qu は [kv] と読む

4. [ks]

⟨chs⟩   Fuchs [fʊks] キツネ   Lachs [laks] サケ

⟨ks⟩   Keks [keːks] クッキー   links [lɪnks] 左の

⟨x⟩   Text [tɛkst] テキスト   Taxi [taksi] タクシー

5. [ŋ]   舌全体を奥に引いて上部を閉じ、鼻から息を出す

⟨-ng⟩   lang [laŋ] 長い   singen [zɪŋən] 歌う

⟨n(k)⟩   Bank [baŋk] 銀行、ベンチ   denken [dɛŋkən] 考える

次のチェック項目にチェックを入れましょう。

十分できる＝ A　ある程度できる＝ B　まだ不十分＝ C

　　　　　　　　　　　　　　　　　　　　　　　　　　A B C

1) 「長母音」か「短母音」かを区別して読める　□ □ □

2) 変母音 Ää/Öö/Üü が正しく読める　□ □ □

3) 二重母音〈au〉が正しく読める　□ □ □

4) 二重母音〈ai〉〈ei〉が正しく読める　□ □ □

5) 二重母音〈eu〉〈äu〉が正しく読める　□ □ □

6) 語末・音節末で無声になる子音〈-b〉〈-d〉〈-g〉〈-s〉が
　　正しく読める　□ □ □

7) 〈w〉が正しく読める　□ □ □

8) 〈v〉が正しく読める　□ □ □

9) 〈ch〉が正しく読める　□ □ □

10) 〈-ig〉が正しく読める　□ □ □

11) 〈s+ 母音〉が正しく読める　□ □ □

12) 〈ss〉〈ß〉が正しく読める　□ □ □

13) 語頭の〈sp-〉〈st-〉が正しく読める　□ □ □

14) 〈tsch〉が正しく読める　□ □ □

15) 〈sch〉が正しく読める　□ □ □

16) 〈r〉が正しく読める　□ □ □

17) 語末・音節末の〈-er〉〈-r〉が正しく読める　□ □ □

18) 〈j〉〈pf〉が正しく読める　□ □ □

19) 〈ds〉〈ts〉〈tz〉〈z〉〈zz〉が同音の [ts] と正しく読める　□ □ □

20) 〈t〉〈tt〉〈dt〉〈th〉〈-d〉が同音の [t] と正しく読める　□ □ □

21) 〈k〉〈ck〉〈ch(s)〉〈-g〉〈q(u)〉が同音の [k] と正しく読める　□ □ □

22) 〈chs〉〈ks〉〈x〉が同音の [ks] と正しく読める　□ □ □

23) 〈-ng〉〈n(k)〉が正しく読める　□ □ □

本　編

　本編では文字と音との関係や発音の仕方について【準備編】よりさらに
詳しく学びます。ドイツ語の文字が正しく読めることや相手に伝わる発音
を身につけることを目標に、日本人が間違えやすい音や気をつけるべき音
を解説し、ミニマルペアや例語、例文、会話文を使って聞き取りや発音の
練習をします。動詞の人称変化や命令形、名詞の複数形や形容詞の比較級
なども一部取り入れ、文法や語彙と発音を関連させています。語アクセン
ト、リズムグループ、文アクセント、文末イントネーションなど、一つ一
つの「音」を超える音節や句、文などの単位に係る特徴についても扱います。
超分節的特徴や**韻律**と呼ばれる分野です。

　ドイツ語は強勢拍リズムの言語です。強音節間をほぼ同じ間隔に保ちま
す。話者の発話速度や発話意図により強音節は１つの文に複数個現れるこ
とがあります。本編の会話文では、文アクセントの長母音に ＿ 、短母音
に ＿ が付されています。高く（低く）・強く・長く発音し、そこから矢印
の方向に高さを変えていきます。

平叙文：	Ich habe eine Tasche. ↘	Tasche の a から下げる
平叙文（強張）：	Ich habe eine Tasche.	Tasche を特に強張するときには a を平叙文より上げる
決定疑問文：	Hast du eine Tasche? ↗	Tasche の a を下げてから文末まで上げる
文の途中：	Ich habe eine Tasche, ... →	ほぼ平坦か Tasche の a から少し下げる

▶ 詳しくは 78 頁参照。

I　長母音と短母音、緊張母音と弛緩母音 /////////////////////

語アクセント（強勢）を担う母音には**長母音**と**短母音**があります。**長母音**は
比較的長めに発音し、舌や唇を緊張させて**緊張母音**にします。**短母音**は舌や
唇を少し緩めて**弛緩母音**にします。原則として**長母音と緊張母音、短母音と
弛緩母音**の組み合せになります。ただし 〈a〉[aː] [a] と 〈ä〉[ɛː] [ɛ] は例外です。
両母音とも長母音と短母音を区別しますが、ともに**弛緩母音**です。なお、ア
クセント（強勢）のない母音は通常、**短母音・弛緩母音**です。

060　1. 長母音と短母音

続いて発音しましょう。

	A/a	E/e	I/i	O/o	U/u
長母音	[aː]	[eː]	[iː]	[oː]	[uː]
a)	H<u>aa</u>r [haːɐ̯] 髪	S<u>ee</u> [zeː] 湖、海	L<u>ie</u>be [liːbə] 愛	B<u>oo</u>t [boːt] ボート	
b)	B<u>a</u>hn [baːn] 電車	g<u>e</u>hen [geːən] 行く	<u>i</u>hm [iːm] 彼に	S<u>o</u>ße [zoːsə] ソース	K<u>u</u>h [kuː] 牛
c)	L<u>a</u>den [laːdən] 店	W<u>e</u>g [veːk] 道	K<u>i</u>no [kiːno] 映画館	D<u>o</u>m [doːm] 聖堂	Bl<u>u</u>me [bluːmə] 花
短母音	[a]	[ɛ]	[ɪ]	[ɔ]	[ʊ]
d)	<u>a</u>lt [alt] 古い	F<u>e</u>st [fɛst] 祭り	f<u>i</u>nden [fɪndən] 見つける	<u>O</u>st [ɔst] 東	D<u>u</u>rst [dʊɐ̯st] のどの渇き
e)	M<u>a</u>nn [man] 男	<u>E</u>ssen [ɛsən] 食事	b<u>i</u>tte [bɪtə] どうぞ	S<u>o</u>mmer [zɔmɐ] 夏	B<u>u</u>tter [bʊtɐ] バター

長母音	a)	同じ母音の重複（重母音）

　　　　　＊ 長母音の ii はなく ie と書く。長母音の uu はない。

	b)	母音の後に h, ß　　h は発音しない。
	c)	母音の後に子音が 1 個以下
短母音	d)	母音の後に子音が 2 個以上
	e)	母音の後に同じ子音の重複（重子音）

長・短母音の　　　<ch> Buch [bu:x] 本　　Koch [kɔx] コック
どちらも

＊ c), d) には例外があります：Obst [o:pst] 果物　Taxi [taksi] タクシー　など

長短母音についての他の区分方法は【理論編】121 頁参照

確認練習

次の単語を音声に続いて発音しましょう。次に、2 つの単語のうち 1 つが読み
上げられます。聞こえた方の単語にチェックを入れましょう。

1) ☐ Beet [be:t]　花壇　　☐ Bett [bɛt]　ベッド

2) ☐ Ofen [o:fən]　オーブン　　☐ offen [ɔfən]　開いた

3) ☐ Miete [mi:tə]　家賃　　☐ Mitte [mɪtə]　中央

4) ☐ Fuß [fu:s]　足　　☐ Fluss [flʊs]　川

5) ☐ Weg [ve:k]　道　　☐ weg [vɛk]　離れて

2. [aː], [a] 〈a, aa, ah〉

[aː]（長母音）と [a]（短母音）は、母音の音長を区別しますが、両母音
とも弛緩母音です。ドイツ語の [aː] [a] は、日本語の「ア」よりあごを
下げて口を大きく開けて発音します。

長母音　Abend [aːbənt] 夕方　Banane [banaːnə] バナナ　Fahrrad [faːʁaːt] 自転車

短母音　Apfel [apfəl] リンゴ　Gast [gast] 客　　　　Kasse [kasə] レジ

3. [iː], [ɪ] ⟨i, ie, ih, ieh⟩

長母音・緊張母音の [iː] は、日本語の「イ」より口の両端を横に引いて口の開きを狭くします。短母音・弛緩母音の [ɪ] は、口角の引っ張り具合を少し緩めます。

063 🎧 長母音・緊張母音 [iː] ⟨i, ie, ih, ieh⟩

Lieblingsessen [liːplɪŋsɛsən]　好きな食べ物

Stiefel [ʃtiːfəl]　ブーツ　　　　mir [miːɐ]　私に

diese [diːzə]　この　　　　　　an|ziehen [antsiːən]　着る、履く

064 🎧 短母音・弛緩母音 [ɪ] ⟨i⟩

Milch [mɪlç]　牛乳　　　　　　　Pizza [pɪtsa]　ピザ

Schnitzel [ʃnɪtsəl]　カツ　　　　mittags [mɪtaːks]　昼に

immer [ɪmɐ]　いつも　　　　　　isst [ɪst] (essen)　食べる

trinken [tʁɪŋkən]　飲む　　　　　Kinder [kɪndɐ]　子供 (*pl*)

065 🎧 確認練習

上の単語が含まれる文を音声に続いて発音しましょう。二重線は文アクセントです。　▶ 31 頁参照。

1) Was isst du gern? ↘

　Meine Lieblingsessen sind Pizza und Schnitzel. ↘

2) Was trinken Kinder mittags? ↘

　Sie trinken immer Milch. ↘

3) Welche Stiefel ziehst du dir heute an? ↘　　今日どのブーツを履きますか?

　Diese Stiefel ziehe ich mir an. ↘　　　　　このブーツを履きます。

34

4. [oː], [ɔ] ⟨o, oo, oh⟩

> 長母音・緊張母音の [oː] は、日本語の「オ」より唇を丸めて発音します。
> 短母音・弛緩母音の [ɔ] は、唇の丸めを少し和らげます。

066 長母音・緊張母音 [oː] ⟨o, oo, oh⟩

Obst [oːpst] 果物　　　　　　Oma [oːma] 祖母

Opa [oːpa] 祖父　　　　　　Wohnung [voːnʊŋ] 住居

Zoo [tsoː] 動物園　　　　　wohnen [voːnən] 住む

067 短母音・弛緩母音 [ɔ] ⟨o⟩

Norden [nɔʁdən] 北　　　　Osten [ɔstən] 東

Sommer [zɔmɐ] 夏　　　　Sonne [zɔnə] 太陽

Wolken [vɔlkən] 雲　　　　morgen [mɔʁgən] 明日

068

1) Im Osten scheint die Sonne, → im Norden gibt es Wolken. ↘
　東には太陽が照り、北には雲がある。

2) Oma und Opa wohnen in einer Wohnung. ↘
　祖母と祖父は住居に住んでいる。

3) Im Sommer essen wir viel Obst. ↘
　夏にたくさん果物を食べる。

4) Wir besuchen morgen den Zoo. ↘
　私たちは明日動物園を訪れる。

35

5. [uː], [ʊ] ⟨u, uh⟩

> 長母音・緊張母音の [uː] は、唇を丸めて突き出します。舌先を下げた
> まま舌全体を奥の軟口蓋（上あごの柔らかい部分）まで引いて上部に
> 狭い空間を作ります。短母音・弛緩母音の [ʊ] は、唇の丸めを少し和
> らげます。

次の単語を音声に続いて発音しましょう。

069 🎧 長母音・緊張母音 [uː] ⟨u, uh⟩

  B<u>u</u>ch [buːx]　本　 Min<u>u</u>ten [mɪnuːtən]　分 (pl)

  <u>U</u>hr [uːɐ]　〜時　 Z<u>u</u>g [tsuːk]　電車

  zu F<u>u</u>ß [tsuː fuːs]　歩いて　 s<u>u</u>chen [zuːxən]　捜す

070 🎧 短母音・弛緩母音 [ʊ] ⟨u⟩

  B<u>u</u>s [bʊs]　バス　 St<u>u</u>nde [ʃtʊndə]　時間

  <u>U</u>ni [ʊni]　大学　 <u>U</u>nterricht [ʊntɐʁɪçt]　授業

071 🎧

1) Wie kommt ihr zur <u>U</u>ni? ↘　 大学にはどうやって行くの？

 Ich komme mit dem Z<u>u</u>g. ↘　 私は電車で行く。

 Ich nehme den B<u>u</u>s, →　und gehe dann zu F<u>u</u>ß. ↘

          私はバスを使い、歩いて行く。

2) Wann beginnt der <u>U</u>nterricht? ↘　授業はいつ始まる？

 Um neun <u>U</u>hr beginnt er, und dauert eine Stunde und dreißig

 Min<u>u</u>ten. ↘　 9 時に始まり、1 時間 30 分かかる。

3) Was s<u>u</u>chst du? ↘　 何を探している？

 Ich s<u>u</u>che ein B<u>u</u>ch. ↘　 本を探している。

072 🎧 **確認練習**

アクセント (強勢) のある〈o〉と〈u〉を含む単語を音声に続いて発音しましょう。
次に、2つの単語のうち1つが読み上げられます。聞こえた方の単語にチェッ
クを入れましょう。

1) □ Ohr [oːɐ]　耳　　　　　　　□ Uhr [uːɐ]　時計

2) □ groß [gʁoːs]　大きい　　　　□ Gruß [gʁuːs]　挨拶

3) □ Schloss [ʃlɔs]　城　　　　　□ Schluss [ʃlʊs]　終わり

4) □ Tor [toːɐ]　門、ゴール　　　□ Tour [tuːɐ]　ツアー

073 🎧 **確認練習**

1) ～ 5) に合う語を a) ～ e) から選びましょう。音声を聞いて合っているか確
かめ、続いて発音しましょう。

1) ein junger　若い　　　　　　　　a) Butter kaufen　バターを買う

2) Hunger und　空腹と　　　　　　　b) Kultur　文化

3) meinen Bruder　兄を　　　　　　　c) Musiker　音楽家

4) Natur und　自然と　　　　　　　　d) Durst　のどの渇き

5) im Supermarkt　スーパーマーケットで　e) besuchen　訪ねる

074 🎧 **確認練習**

Das ist mein Bruder Uwe. ↘

Er ist Musiker von Beruf. ↘

Er spielt gern Mozart und Schubert. ↘

Am Sonntag gibt er im Schloss ein Konzert. ↘

Um elf Uhr fängt das Sonntagskonzert an. ↘

Seine Freundin Uta kommt auch. ↘

▶ 1文中に文アクセントが2つある場合については 128 頁参照。

これが私の兄のウーヴェです。

彼は音楽家です。

彼はモーツァルトとシューベルトを演奏するのが好きです。

日曜日に彼はお城でコンサートをします。

11 時に日曜コンサートは始まります。

彼のガールフレンドのウータも来ます。

6. [eː], [ɛ], [ə] ⟨e, ee, eh⟩

> 長母音・緊張母音の [eː] は、日本語の「エ」より唇を横に引いて舌を
> わずかに上げて「イ」に近づけます。短母音・弛緩母音の [ɛ] は、日
> 本語の「エ」より舌をわずかに下げます。

075 長母音・緊張母音 [eː] ⟨e, ee, eh⟩

Meer [meːɐ] 海　　mit|nehmen [mɪtneːmən] 連れていく

sehr [zeːɐ] とても　　wenig [veːnɪç] 少ない　　zehn [tseːn] 10

sehen [zeːən] 見る　　gehen [geːən] 行く

076 短母音・弛緩母音 [ɛ] ⟨e⟩

Chef [ʃɛf] チーフ　　　　　Essen [ɛsən] 食事

Moment [momɛnt] 瞬間　　Wetter [vɛtɐ] 天気

lecker [lɛkɐ] おいしい　　　nett [nɛt] 親切な

schlecht [ʃlɛçt] 悪い　　　fern|sehen [fɛʁnzeːən] テレビを見る

schmecken [ʃmɛkən] (…の)味がする　sprechen [ʃpʁɛçən] 話す

077

1) Wir gehen ans Meer. ↘　Wir nehmen dich mit. ↘

　　　　　　　　　　　　　私たちは海に行く。君を連れて行ってあげる。

Sehr nett von dir. ↘　　それはご親切に。

2) Sehen Sie oft fern? ↗　よくテレビを見ますか？

Nein, → sehr wenig. ↘　いいえ、あまり。

3) Wie schmeckt das Essen? ↘　食事はおいしいですか？

Das Essen ist sehr lecker. ↘　食事はとてもおいしいです。

4) Seit zehn Tagen ist das Wetter schlecht. ↘　10 日前から天気が悪い。

5) Kann ich den Chef sprechen? ↗　チーフとお話しできますか？

Er ist im Moment nicht da. ↘　彼は今いません。

動詞や形容詞、名詞の語尾〈-e, -en, -em, -el〉や前綴り〈be-, ge-〉の〈e〉は、アクセント（強勢）のない [ə] です。[ə] は、あいまい母音・シュワー音と呼ばれています。口をわずかに開け、どこにも力を入れずに声を出すと [ə] になります。[e] [ɛ] より舌を奥に引き、舌を口のまん中に置きます。

078
2 つの〈e〉を比べましょう。2 つめの〈e〉があいまい母音・シュワー音の [ə] です。

l<u>e</u>ben [le::bən]　　d<u>e</u>nken [dɛnkən]

079
次のシュワー音 [ə] を含む単語を、音声に続いて発音しましょう。

1) Dank<u>e</u>. ↘ — B<u>i</u>tte. ↘　　ありがとう。どういたしまして

2) ein<u>e</u> hell<u>e</u> Lamp<u>e</u> ↘　　明るい灯り

3) Was b<u>e</u>k<u>o</u>mmen Sie? ↘　　何にいたしましょう？

4) Ich treff<u>e</u> oft Fr<u>eu</u>nd<u>e</u>. ↘　　友達によく会います。

080
まとめ

<u>e</u>	長母音・緊張母音の [eː]	l<u>e</u>sen	s<u>e</u>hen	Mus<u>ee</u>n
<u>e</u>	短母音・弛緩母音の [ɛ]	f<u>e</u>rn	<u>e</u>ssen	g<u>e</u>stern
<u>e</u>	シュワー音の [ə]	mach<u>e</u>n	b<u>e</u>s<u>u</u>chen	Fr<u>eu</u>nd<u>e</u>

081
音声に続いてシュワー音が含まれる会話を発音しましょう。

1) Was m<u>a</u>chen Sie gern? ↘　　何をするのが好きですか？

① Ich l<u>e</u>se gern. ↘　　読書が好きです。

② Ich b<u>e</u>such<u>e</u> gern Mus<u>ee</u>n. ↘　　博物館に行くのが好きです。

③ Ich s<u>e</u>he gern f<u>e</u>rn. ↘　　テレビを見るのが好きです。

④ Ich g<u>e</u>he gern <u>e</u>ssen. ↘　　食事に行くのが好きです。

2) Was h<u>a</u>ben Sie gestern g<u>e</u>m<u>a</u>cht? ↘　　昨日は何をしましたか？

① Ich b<u>i</u>n ins Konz<u>e</u>rt g<u>e</u>gang<u>e</u>n. ↘　　私はコンサートに行きました。

② Ich h<u>a</u>be mit Fr<u>eu</u>nden K<u>a</u>ffee getrunk<u>e</u>n. ↘

私は友達とコーヒーを飲みました。

Ⅱ 変母音 Ää / Öö / Üü /////////////////////////////////

〈Ä/ä〉	[ɛː] [ɛ]	日本語の「エ」より口を少し縦に広げて発音します。
〈Ö/ö〉	[øː] [œ]	長母音・緊張母音の [øː] では、舌を [eː] の形を保ったまま唇を [oː] のように丸めます。口を [oː] に固定し、[eː] と言っても良いでしょう。短母音・弛緩母音の [œ] では唇の緊張を [øː] より少し緩めます。
〈Ü/ü〉	[yː] [ʏ]	長母音・緊張母音の [yː] では、舌を [iː] の形を保ったまま唇を [uː] のように丸めて突き出します。唇を突き出して [uː] の形にし、[iː] と言っても良いでしょう。短母音・弛緩母音の [ʏ] では唇の突き出しを [yː] より少し緩めます。

082 次の単語を聞き、続いて発音しましょう。Ä/ä は長短を区別しますが、ともに**弛緩母音**です。Ö/ö, Ü/ü の**長母音は緊張母音、短母音は弛緩母音**です。

	Ä/ä	Ö/ö	Ü/ü
長母音	[ɛː]	[øː]	[yː]
a)	Läden [lɛːdən] 店 (pl)	schön [ʃøːn] 美しい	Tüte [tyːtə] 袋
b)	Nähe [nɛːə] 近さ	Höhe [høːə] 高さ	Füße [fyːsə] 足 (pl)
短母音	[ɛ]	[ø]	[ʏ]
c)	kämmen [kɛmən] 髪をとかす	Löffel [løfəl] スプーン	dünn [dʏn] 薄い
d)	Länge [lɛŋə] 長さ	Köln [køln] ケルン	hübsch [hʏpʃ] かわいい

083 **短母音・弛緩母音の〈e〉[ɛ] と〈ä〉[ɛ] は同音です。**音声に続いて単語に含まれる〈e〉〈ä〉が同じ音であることを確認しながら発音しましょう。

1) Weste [vɛstə] ベスト Gäste [gɛstə] 客 (pl)
2) helfen [hɛlfən] 助ける Hälfte [hɛlftə] 半分
3) Ecke [ɛkə] 角 Bäcker [bɛkɐ] パン屋

確認練習

次の単語を音声に続いて発音しましょう。次に、2つの単語のうち1つが読み
上げられます。聞こえた方の単語にチェックを入れましょう。

1) ☐ vier [fiːɐ̯] 4 ☐ für [fyːɐ̯] …のために
2) ☐ Kiste [kɪstə] 箱 ☐ Küste [kʏstə] 海岸
3) ☐ Tier [tiːɐ̯] 動物 ☐ Tür [tyːɐ̯] ドア
4) ☐ Kissen [kɪsən] 枕 ☐ küssen [kʏsən] キスする
5) ☐ schon [ʃoːn] すでに ☐ schön [ʃøːn] 素敵な
6) ☐ lesen [leːzən] 読む ☐ lösen [løːzən] 解く
7) ☐ kennen [kɛnən] 知る ☐ können [kœnən] 出来る
8) ☐ froh [fʁoː] 嬉しい ☐ früh [fʁyː] 早い
9) ☐ drucken [dʁʊkən] 印刷する ☐ drücken [dʁʏkən] 押す
10) ☐ Kuh [kuː] 牛 ☐ kühl [kyːl] 冷たい

確認練習

次の都市と名所について例のように文を作りましょう。

例：Nürnberg (Weihnachtsmarkt) ニュールンベルクのクリスマス市
Ich möchte nach Nürnberg zum Weihnachtsmarkt. ↘

1) Köln (Kölner Dom) ケルンの大聖堂
2) München (Oktoberfest) ミュンヘンのオクトーバーフェスト
3) Düsseldorf (Karneval) デュッセルドルフのカーニバル
4) Dänemark (Tivoli Freizeitpark) デンマークのチボリ公園

1. 語幹に〈a〉が含まれる不規則動詞

語幹に〈a〉が含まれる不規則動詞の中で2人称単数・3人称単数で〈ä〉に変わるものがあります。

確認練習

Alex の一日の様子です。不規則変化動詞を下から選んで下線部に入れ、音声に続いて発音しましょう。（ ）の動詞は不定形です。

1) Alex duscht sich morgens → und _____ sein Gesicht. ↘
   アレックスは毎朝シャワーを浴び、顔を洗う。

2) Er _____ heute ein T-Shirt und Jeans. ↘
   彼は今日Tシャツとジーンズを着る。

3) Dann _____ er mit seinem Fahrrad zur Uni. ↘
   それから自転車で大学に行く。

4) Heute Abend _____ ihn sein Freund zur Party ein. ↘
   今晩友達が彼をパーティーに招待する。

5) Er kommt um 2 Uhr nachts nach Hause →
   und _____ sofort ein. ↘　　彼は夜中の2時に家に帰り、すぐに眠る。

> fährt(fahren)　lädt(laden)　schläft(schlafen)
> trägt(tragen)　wäscht(waschen)

1)　　　2)　　　3)　　　4)　　　5)

2. 比較級

次の単語の比較級は変母音に変わります。音声に続いて発音しましょう。

> 比較級： (¨) + er

原級	比較級	
1) ☐ lang [laŋ]	☐ länger [lɛŋɐ]	長い
2) ☐ alt [alt]	☐ älter [ɛltɐ]	古い
3) ☐ groß [gʁoːs]	☐ größer [gʁøːsɐ]	大きい
4) ☐ hoch [hoːx]	☐ höher [høːɐ]	高い
5) ☐ klug [kluːk]	☐ klüger [klyːgɐ]	賢い
6) ☐ kurz [kʊʁts]	☐ kürzer [kʏʁtsɐ]	短い
7) ☐ jung [jʊŋ]	☐ jünger [jʏŋɐ]	若い
8) ☐ gesund [gəzʊnt]	☐ gesünder [gəzʏndɐ]	健康的な

形容詞を比較級にして文を完成させ、音声に続いて発音しましょう。

1) lang
Der Rhein (1230 m) ist _____ als der Shinano-Fluss (367 m).

ライン川は信濃川より長い。

2) hoch
Der Fuji (3776 m) ist _____ als die Zugspitze (2962 m).

富士山はツークシュピッツェ山より高い。

3) groß
Der Biwa-See (670 m^2) ist _____ als der Bodensee (536 m^2).

琵琶湖はボーデン湖より大きい。

4) alt
Der Horyu-Tempel (607) ist _____ als der Kölner Dom (1322).

法隆寺はケルン大聖堂より古い。

III　二重母音と〈ie〉 //

> 二重母音は、2つの異なる母音が組み合わさり、間に切れ目を入れず
> に滑らかに発音します。二つ目の母音は軽く発音し、最初の母音に添
> えてアゥ、アィ、オィと連続して発音します。日本語の「アウ、アイ、
> オイ」のように2つの母音を別々に発音しません。

089

次の二重母音が含まれる単語を音声に続いて発音しましょう。

〈au〉　[aʊ]　アゥ　Auge [aʊgə] 目　　　　　　　　　　Blau [blaʊ] 青色
　　　　　　　　　kaufen [kaʊfən] 買う

〈ei〉〈ai〉　[aɪ]　アィ　Ei [aɪ] 卵　　Bein [baɪn] 脚　　Mai [maɪ] 5月
〈ay〉〈ey〉　　　Bayern [baɪɐn] バイエルン　　　Meyer [maɪɐ] マイヤー

〈ay〉〈ey〉はよく地名、人名で使われる

〈eu〉〈äu〉　[ɔɪ]　オィ　Deutsch [dɔɪtʃ] ドイツ語　　neu [nɔɪ] 新しい
　　　　　　　　　Verkäufer [fɛɐkɔɪfɐ] 店員

090 **確認練習**

次の単語を音声に続いて発音しましょう。次に、2つの単語のうち1つが読み
上げられます。聞こえた方の単語にチェックを入れましょう。

1) ☐ Haus [haʊs]　家　　　　　　　☐ heiß [haɪs]　熱い
2) ☐ kaufen [kaʊfən]　買う　　　　☐ Käufer [kɔɪfɐ]　購入者
3) ☐ neun [nɔɪn]　9　　　　　　　☐ nein [naɪn]　いいえ
4) ☐ Leute [lɔɪtə]　人々　　　　　☐ laute [laʊtə]　騒がしい
5) ☐ Eis [aɪs]　アイスクリーム　　☐ aus [aʊs]　…から
6) ☐ Baum [baʊm]　木　　　　　　☐ Bein [baɪn]　脚

44

091 🎧 **アクセント（強勢）のある 〈ei〉[aɪ] と 〈ie〉[iː]**

アクセント（強勢）のある 〈ei〉[aɪ] と 〈ie〉[iː] の音声に続いて発音しましょう。
次に、2つの単語のうち1つが読み上げられます。聞こえた方の単語にチェッ
クを入れましょう。

1) ☐ nein [naɪn]　いいえ　　　　　☐ nie [niː]　決して…ない

2) ☐ Leid [laɪt]　苦悩　　　　　　☐ Lied [liːt]　歌

3) ☐ leise [laɪzə]　（音の）小さい　☐ Liese [liːzə]　リーゼ（名前）

092 🎧 **アクセント（強勢）のある、ない 〈ie〉**

〈ie〉は、アクセント（強勢）があれば [iː]、アクセント（強勢）がなければ [iə]
（イェ）と発音します。音声に続いて発音しましょう。

アクセント（強勢）のある 〈ie〉[iː]

　　Liebe [liːbə]　愛　　　　Miete [miːtə]　家賃　　　　Bier [biːɐ̯]　ビール

アクセント（強勢）のない 〈ie〉[iə]

　　Familie [famiːliə] 家族　Italien [itaːliən] イタリア　Ferien [feːʁiən] 休暇

093 🎧 ▎確認練習

下の単語を参考に下線部に 〈ei〉〈ie〉（アクセントあり）、〈ie〉（アクセントな
し）のいずれかを入れましょう。

> Familienname　Ferien　heißt　lieber
> liest　reist　Spanien　wie

1) In den Fer＿＿＿n fahren wir nach Span＿＿＿n.↘
　　私たちは休暇中にスペインに行く。

2) W＿＿＿ h＿＿＿ßt du? ↘ Und der Famil＿＿＿nname? ↗
　　名前は何と言いますか？　姓は何ですか？

3) Thomas r＿＿＿st gern, → aber Matthias l＿＿＿st l＿＿＿ber Bücher. ↘
　　トーマスは旅行が好きですが、マティアスは本を読む方が好きです。

〈au〉[aʊ] と 〈äu〉[ɔɪ]

次の単語の〈au〉を含む単数形は、複数形で変母音になる場合とならない場合があります。音声に続いて発音しましょう。

単数形			複数形	
1) □ H<u>au</u>s [haʊs]	家		□ H<u>äu</u>ser [hɔɪzɐ]	
2) □ B<u>au</u>m [baʊm]	木		□ B<u>äu</u>me [bɔɪmə]	
3) □ Tr<u>au</u>m [tʁaʊm]	夢		□ Tr<u>äu</u>me [tʁɔɪmə]	
4) □ R<u>au</u>m [ʁaʊm]	部屋		□ R<u>äu</u>me [ʁɔɪmə]	
5) □ Fr<u>au</u> [fʁaʊ]	女性		□ Fr<u>au</u>en [fʁaʊən]	
6) □ Pfl<u>au</u>me [pflaʊmə]	プラム		□ Pfl<u>au</u>men [pflaʊmən]	

クリスマスと結婚式の招待状です。赤字の二重母音に注意して音声に続いて発音しましょう。

二重母音 ei の後の h は発音しません。

1)

Einladung zur W<u>ei</u>hnachtsfeier*

Wann? Am 10. (z<u>e</u>hnten) Dezember um 21 (<u>ei</u>nundzwanzig) <u>U</u>hr

Wo? Im R<u>au</u>m <u>101</u> im Geb<u>äu</u>de <u>A</u>

Wir fr<u>eu</u>en uns <u>au</u>f einen schön<u>e</u>n gem<u>ei</u>nsamen <u>A</u>bend!

Ihre Firma M<u>ey</u>er

クリスマスパーティーへの招待
いつ？ 12月10日21時
どこ？ A号館の101号室で
私たちは一緒に過ごすことができる素敵な夕べを楽しみにしています。
マイヤー社より

Einladung zur Hochzeit

Wir wollen heiraten!
Ihr seid herzlich zu unserer Hochzeit eingeladen!

Wann?　Am 2. (zweiten) August um 11 Uhr.

Wo?　　Trauung im Rathaus, danach eine Feier im Hochzeitssaal.

Wir freuen uns, mit euch feiern zu können.

　　　　　　　　　　　　　　　　　　　　Claudia und Paul

結婚式の招待

私たちは結婚します。
君たちを私たちの結婚式にご招待します。
いつ？　　　8月2日11時
どこで？　　市庁舎で結婚式を挙げ、その後結婚広間でお祝い。
私たちは君たちとお祝いができることを楽しみにしています。

　　　　　　　　　クラウディアとパウルより

次のチェック項目にチェックを入れましょう。

十分できる＝A　ある程度できる＝B　まだ不十分＝C

	A	B	C
1) 長母音・緊張母音か短母音・弛緩母音かを文字で区別して発音できる	□	□	□
2) 〈i〉の長母音・緊張母音が正しく読めて発音できる	□	□	□
3) 〈i〉の短母音・弛緩母音が正しく読めて発音できる	□	□	□
4) 〈o〉の長母音・緊張母音が正しく読めて発音できる	□	□	□
5) 〈o〉の短母音・弛緩母音が正しく読めて発音できる	□	□	□
6) 〈u〉の長母音・緊張母音が正しく読めて発音できる	□	□	□
7) 〈u〉の短母音・弛緩母音が正しく読めて発音できる	□	□	□
8) 〈e〉の長母音・緊張母音が正しく読めて発音できる	□	□	□
9) 〈e〉の短母音・弛緩母音が正しく読めて発音できる	□	□	□
10) 〈e〉（シュワー音）が正しく読めて発音できる	□	□	□
11) 変母音 Ä/ä の長母音・短母音が正しく読めて発音できる	□	□	□
12) 変母音 Ö/ö の長母音・緊張母音が正しく読めて発音できる	□	□	□
13) 変母音 Ö/ö の短母音・弛緩母音が正しく読めて発音できる	□	□	□
14) 変母音 Ü/ü の長母音・緊張母音が正しく読めて発音できる	□	□	□
15) 変母音 Ü/ü の短母音・弛緩母音が正しく読めて発音できる	□	□	□
16) 二重母音 〈au〉が正しく読めて発音できる	□	□	□
17) 二重母音 〈ai, ei, ay, ey〉が正しく読めて発音できる	□	□	□
18) 二重母音 〈eu, äu〉が正しく読めて発音できる	□	□	□
19) 〈ie〉が正しく読めて発音できる	□	□	□

子 音

I 語末・音節末の子音の無声化（末尾音硬化）////////////////

Der Zug fährt los.↘   列車は出発する。
„Alles Gute,→ bleib gesund →
und bis bald!"↘
お元気で健康に気をつけてそしてまたね。

> 有声音〈b, d, g, s, v〉（[b] [d] [g] [z] [v]）は、語末・音節末で無声音
> の [p] [t] [k] [s] [f] になります。Tag [taːk] の複数形 Tage [taɡə] など、
> 母音が続くと有声音 [b] [d] [g] [z] [v] のままです。有声音は声帯の振
> 動を伴います。
>
> selbst, Herbst のように語末・音節末の〈b, d, g, s, v〉はすべて無声音になります。

098 次の単語の語末の子音に注意しながら音声に続いて発音しましょう。

	無声音 [p, t, k, s, f]	有声音 [b, d, g, z, v]
b [p]/[b]	halb [halp]	halbe [halbə] 半分の
	lieb [liːp] 好きな	Liebe [liːbə] 愛
d [t]/[d]	Land [lant]	Länder [lɛndɐ] 国（単複）
	Hand [hant]	Hände [hɛndə] 手（単複）
g [k]/[g]	Tag [taːk]	Tage [taːɡə] 日（単複）
	Weg [veːk]	Wege [veːɡə] 道（単複）
s [s]/[z]	Haus [haʊs]	Häuser [hɔɪzɐ] 家（単複）
	Glas [glaːs]	Gläser [glɛːzɐ] グラス（単複）
v [f]/[v]	aktiv [aktiːf]	aktive [aktiːvə] 活動的な
	Motiv [motiːf]	Motive [motiːvə] モチーフ（単複）

確認練習

次の語の〈b, d, g, s〉は無声音 [p, t, k, s] ですか、それとも有声音 [b, d, g, z] ですか。どちらかに印をつけましょう。音声に続いて発音しましょう。

		無声音 [p, t, k, s]	有声音 [b, d, g, z]
1) Fre<u>u</u>nd	友人	☐	☐
2) Fre<u>u</u>nde	友人 (pl)	☐	☐
3) Bild	絵	☐	☐
4) Bilder	絵 (pl)	☐	☐
5) Ende	終わり	☐	☐
6) endlich	ようやく	☐	☐
7) Flugzeug	飛行機	☐	☐
8) fliegen	飛ぶ	☐	☐
9) Haus	家	☐	☐
10) zu Ha<u>u</u>se	家で	☐	☐

確認練習

形容詞に語尾をつけて有声音にしましょう。下線部には形容詞語尾が入っています。音声に続いて発音しましょう。

1) halb [halp] 半分の eine _____e Stunde 30分

2) rund [ʁʊnt] 丸い ein _____es Gesicht 丸顔

3) lang [laŋ] 長い ein _____es Kleid 長いドレス

4) gesund [gəzʊnt] 健康的な ein _____es Essen 健康的な食事

5) gelb [gɛlp] 黄色の eine _____e Bl<u>u</u>me 黄色い花

確認練習

主語に合わせて動詞を人称変化させた形を下から選び、下線部に書きましょう。
主語が du, er/sie/es, ihr のときの語末の 〈b, d, g, s〉 は、子音の語尾が続い
ても無声音です。音声に合わせて発音しましょう。

fragt gibst liest reist *sagst* schreibst

1) sagen	Du _sagst_ es.	君はそれを言う。
2) lesen	Karin _____ viele Bücher.	カーリンは本をたくさん読む。
3) reisen	Thomas _____ nach England.	トーマスはイギリスに旅行する。
4) geben	_____ du mir die Karte?	私にカードをくれる？
5) fragen	_____ ihr auch den Lehrer?	君たちも先生に尋ねる？
6) schreiben	_____ du mir bald wieder?	私にまた手紙を書いてくれる？

確認練習

動詞を du の命令形にした形を枠から選び、音声に続いて発音しましょう。

Frag Gib Lies Reis *Sag* Schreib

du の命令形：語幹！

1) sagen	_Sag_ bitte noch einmal!	もう一度言ってください。
2) lesen	_____ das Buch!	この本を読みなさい。
3) reisen	_____ viel!	たくさん旅行しなさい。
4) geben	_____ mir den Stift!	鉛筆をください。
5) fragen	_____ doch deine Eltern!	両親に聞きなさい。
6) schreiben	_____ mir bitte eine E-Mail!	メールをください。

103
🎧 **確認練習**

複合語の音節末にある〈b, d, g, s〉は、無声音に変わります。次の単語の赤字の無声音に注意しながら音声に続いて発音しましょう。

〈b〉 [p]　Abfahrt [apfaːɐ̯t]　出発

　　　　　Halbzeit [halptsaɪt]　ハーフタイム

〈d〉 [t]　Landschaft [lantʃaft]　景色

　　　　　Kindheit [kɪnthaɪt]　子供時代

〈g〉 [k]　Mittagspause [mɪtaːkspaʊzə]　昼休憩

　　　　　Flugzeug [fluːktsɔɪk]　飛行機

〈s〉 [s]　Tagessuppe [taːgəszʊpə]　日替わりスープ

　　　　　Hausaufgabe [haʊsaʊfgaːbə]　宿題

104
🎧 **確認練習**

単語の語末・音節末の音が無声音になることに注意しながら音声に続いて発音しましょう。

1) ○ Ab Montag mache ich endlich Urlaub in England. ↘

　　月曜日からようやくイギリスで休暇を取ります。

　△ Schön! ↘ Schreib mir eine Postkarte aus England, →

　　möglichst bald, → wenn du Zeit hast. ↘

　　素敵。イギリスから絵葉書を書いてください。時間があるときになるべく早く。

2) ○ Wann fährt der Zug nach Hamburg ab? ↘

　　ハンブルク行きの列車はいつ出発しますか。

　△ Der Zug fährt um halb zwei ab. ↘

　　Der Zug steht schon im Gleis drei. ↘

　　列車は1時半に出発します。列車はもう3番線にいます。

52

II ⟨f, v, w, ph, -v⟩ [f] [v] /////////////////////////////////

105 Am frühen Nachmittag gibt es eine Vorlesung über Umwelt und Philosophie.

午後の早い時間に環境と哲学についての講義があります。

> [f] と [v] を発音するには、上の前歯を下唇の内側に近づけて隙間を作り、擦れるような息の音を出します。[v] は [f] の有声音です。

106

⟨F/f⟩⟨ff⟩ [f]	Fisch [fɪʃ]	魚
	offen [ɔfən]	開いている
⟨Ph/ph⟩ [f]	Philosophie [filozofiː]	哲学
	Alphabet [alfabeːt]	アルファベット
⟨W/w⟩ [v]	Wetter [vɛtɐ]	天気
	Umwelt [ʊmvɛlt]	環境
⟨V/v⟩ ┌ [f] (本来のドイツ語)	Vogel [foːgəl]	鳥
	Vormittag [foːɐmɪtaːk]	午前
	viel [fiːl]	多くの
└ [v] (外来語)	Klavier [klaviːɐ]	ピアノ
	Universität [univɛʁziteːt]	大学
⟨-v⟩ [f] (語末・音節末)	intensiv [ɪntɛnziːf]	集中的な
⟨(Q/q)u⟩ [(k)v] ⟨q⟩直後の⟨u⟩は[v]	Quelle [kvɛlə]	泉
	quer [kveːɐ]	斜めに

107 確認練習

次の赤字は [f] ですか [v] ですか。音声を聞いてどちらかにチェックを入れましょう。続いて発音しましょう。

		[f] [v]				[f] [v]
1) Vase	花瓶	□ □	6)	Archiv	資料集	□ □
2) Wirtschaft	経済	□ □	7)	Wunsch	望み	□ □
3) Physik	物理	□ □	8)	Pullover	セーター	□ □
4) Vater	父親	□ □	9)	warm	暖かい	□ □
5) frisch	新鮮な	□ □	10)	Vorname	名前	□ □

108 🎧 次の標語の [f] と [v] に注意しながら、音声を聞き、続いて発音しましょう。

1) V̲orsicht St̲u̲fe! 段差注意

2) W̲agen w̲aschen verb̲oten!
自動車洗浄禁止

3) V̲ideoüberw̲achung! 録画監視

4) E̲in- und A̲usfahrt fr̲eihalten!
出入口駐車禁止

5) U̲nfallgefahr! 事故の危険

6) W̲arnung vor giftigen St̲offen!
毒物注意

| Ein- und Ausfahrt |
| freihalten |

109 🎧 次の〈w〉を含む単語を音声に続いて発音しましょう。

Gew̲itter [ɡəvɪtɐ] 雷雨   w̲andern [vandɐn] 散策する

w̲arm [vaʁm] 暖（温）かい   W̲etter [vɛtɐ] 天気

W̲etterbericht 天気予報   W̲olken [vɔlkən] 雲 (pl)

110 🎧 上の単語が含まれる対話を音声に続いて発音しましょう。

Der W̲e̲tterbericht für h̲e̲ute

○ W̲i̲e ist das W̲e̲tter h̲e̲ute? ↘

△ Am V̲ormittag h̲aben wir schönes W̲e̲tter → und es wird w̲arm. ↘
Aber am N̲achmittag gibt es vi̲e̲le W̲olken → und am A̲bend gibt
es sogar ein Gew̲itter. ↘

○ Dann g̲ehen wir li̲e̲ber vormittags w̲a̲ndern → und kommen früh
zur̲ü̲ck. ↘

今日の天気
○今日の天気はどう？
△午前中は良い天気で温かい。だけど午後には雲が多くなり、夕方には雷雨もある。
○では午前中に散策に行った方が良いだろう。そして早めに戻ろう。

54

〈fu〉〈vu〉

日本語の「フ」の子音部分は、両唇を狭めて発音するドイツ語にはない [ɸ] です。ドイツ語の 〈fu〉 と 〈hu〉 は、いずれも日本語の「フ」と異なります。[fu] の [f] は、上の前歯と下唇の内側を狭めて擦るような音を出し、[u] につなげます。

ドイツ語の [hu] は、日本語のハ [ha]、ヘ [he]、ホ [ho] と同じ [h] です。[h] は、口の中のどこにも狭めを作らず、息を吐きながらドイツ語の [u] につなげます。

111 音声に続いて 〈fu〉／〈hu〉 の練習をしましょう。

〈fu〉 Fußball [fuːsbal] サッカー 〈fu〉 Futter [fʊtɐ] エサ

〈hu〉(長母音) Huhn [huːn] 鶏 Hut [huːt] 帽子

〈hu〉(短母音) Hund [hʊnt] 犬 Hunger [hʊŋɐ] 空腹

112 〈f〉〈v〉〈w〉 の読み方に注意しながら音声に続いて発音しましょう。

就職面接の場面です。

1) Wie heißen Sie?↘ — Mein Name ist Walter Weinreich.↘

2) Wie alt sind Sie?↘ — Ich bin 25 (fünfundzwanzig) Jahre alt.↘

3) Warum wollen Sie bei uns arbeiten?↘

— Weil Ihre Firma einen guten Ruf hat.↘

なぜ弊社で仕事をしたいのですか？　御社の評判が良いからです。

4) Was haben Sie studiert?↘ — Ich habe Wirtschaft studiert.↘

何を専攻しましたか？　経済を専攻しました。

5) Was sind Ihre Stärken?↘ あなたの強みは？

— Ich bin immer pünktlich und zuverlässig.↘

私はいつも時間を守り信頼が厚いです。

6) Welche Sprachen können Sie sprechen?↘ 何語が話せますか？

— Ich kann Englisch, Französisch und Schwedisch.↘

英語、フランス語、スウェーデン語ができます。

7) Wo wohnen Sie?↘ どこに住んでいますか？

— Ich wohne in der Friedrichstraße 20 (zwanzig).↘

フリードリッヒ通り 20 番地に住んでいます。

113 🎧 **III** 〈ch〉〈-ig〉[x] [ç] //

Bes<u>u</u>chen Sie uns doch m<u>a</u>l! Diese W<u>o</u>che
besichtigen wir das Schloss des M<u>ä</u>rchenkönigs.

私たちを訪ねてください。
今週メルヘン王の城を見学します。

> 〈ch〉は「**息の音**」です。[ç] は、硬口蓋（上あごの固い部分）と前舌に狭
> めを作って息を通します。日本語の「ヒ」の子音部分に相当しますが、「ヒ」
> より多少強めに発音します。
> [x]は、舌先を下げて舌全体を奥に引き、軟口蓋（上あごの柔らかい部分；[k]
> を発音するところ）に隙間を作り、擦るような息の音を出します。

114 🎧 [x] 〈a, o, u, au〉の母音の直後

1) 〈a〉+〈ch〉 [ax]　　ach [ax] ああ　　　　　lachen [laxən] 笑う
2) 〈o〉+〈ch〉 [ɔx]　　Koch [kɔx] コック　　　Woche [vɔxə] 週
3) 〈u〉+〈ch〉 [ux]　　Frucht [fʁʊxt] 果実　　Buch [buːx] 本
4) 〈au〉+〈ch〉 [aʊx]　auch [aʊx] …もまた　　Bauch [baʊx] 腹

115 🎧 [ç]

1) 〈i, e, ä, ö, ü, ei, ai, eu, äu〉の母音の直後

ich [ɪç] 私　　　　　　echt [ɛçt] 本物の　　lächeln [lɛçəln] 微笑む
möchten [mœçtən] 〜したい　Küche [kʏçə] キッチン　leicht [laɪçt] 簡単な

2) 語頭、子音〈l, n, r〉の直後

China [çiːna] 中国　　Chemie [çemiː] 化学

Milch [mɪlç] 牛乳　　mancher [mançɐ] いくつかの　Kirche [kɪʁçə] 教会

3) **語末の〈-ig〉**[ɪç]

ledig [le:dɪç] 独身の　　richtig [ʁɪçtɪç] 正しい　　wichtig [vɪçtɪç] 重要な

zwanzig [tsvantsɪç] 20　dreißig [dʁaɪsɪç] 30

116
🎧 確認練習

[x] と [ç] の発音に注意して音声に続いて発音しましょう。次に、2 つの単語の
うち 1 つが読み上げられます。聞こえた方の単語にチェックを入れましょう。

[x]		[ç]	
1) □ Nacht	夜	□ nicht	…ではない
2) □ lachen	笑う	□ lächeln	微笑む
3) □ Buch	本	□ Bücher	本 (pl)
4) □ Tochter	娘	□ Töchter	娘 (pl)
5) □ Woche	週	□ wöchentlich	毎週の
6) □ Koch	コック	□ Köchin	女性コック
7) □ Kuchen	ケーキ	□ Küche	キッチン
8) □ hoch	高い	□ höchst	一番高い

117
🎧 音声に続いて〈ch〉[x] を発音しましょう。

1) Wir haben viel gelacht. ↘　私たちはたくさん笑った。

2) Was machen Sie? ↘　何をしていますか？

3) Ich suche ein Buch. ↘　私は本を探しています。

4) Er kann acht Sprachen. ↘　彼は 8 つの言語ができます。

5) Am Wochenende backen wir immer Kuchen. ↘
私たちは週末にいつもケーキを焼きます。

6) Dann bis Mittwochnachmittag!　それでは水曜日の午後に。

118 〈ch〉([ç] [x]) の発音に注意して、音声に続いて発音しましょう。

○ Hallo, → Richard!↘ Lange nicht gesehen.↘

△ Hallo, → Joachim!↘ Wie geht's?↘

○ Danke,→ nicht schlecht.↘ Und dir?↗

△ Danke,→ gut.↘ Das ist meine Nichte Michaela.↘

Sie ist zu Besuch bei uns.↘

○ Hallo Michaela.↘ Was machst du hier?↘

□ Ich lerne fleißig Griechisch.↘ Denn nächste Woche fliege ich nach

Griechenland.↘

○ Griechische Architektur finde ich hochinteressant.↘

□ Ja, → ich auch!↘ Ich studiere auch Architektur.↘

姪の紹介
○こんにちはリヒャート。長いこと会わなかったね。
△こんにちはヨアヒム。元気?
○ありがとう。悪くないよ。君は?
△ありがとう、いいよ。これが僕の姪のミヒャエラだ。僕たちのところに訪ねてきている。
○こんにちはミヒャエラ。ここで何をしているの?
□ギリシャ語をまじめに勉強している。というのも来週ギリシャに行くから。
○ギリシャ建築はとても面白いと思う。
□そう。私も。私はだから建築も専攻している。

58

〈h〉の復習

〈h〉＋ 母音	母音の直前の 〈h〉は [h]
	H<u>u</u>t [huːt]　帽子
子音 ＋〈h〉	子音直後の 〈h〉は発音せず
	Th<u>e</u>ma [teːma]　テーマ
母音 ＋〈h〉	母音の直後の 〈h〉は発音せず、直前の母音は長母音に
	B<u>ah</u>n [baːn]　鉄道
二重母音 ＋〈h〉	二重母音の直後の 〈h〉は発音せず
	l<u>eih</u>en [laɪən]　借りる

〈ig〉の復習

語末・音節末	[ɪç]	K<u>ö</u>n<u>ig</u> [køːnɪç]　王
		l<u>e</u>d<u>ig</u> [leːdɪç]　独身の
母音が続く	[ɪg]	K<u>ö</u>n<u>ig</u>in [køːnɪgɪn]　女王
		l<u>e</u>d<u>ig</u>e [leːdɪge]　独身の
-lich, -reich などの 接尾辞が続く	[ɪk]	l<u>e</u>d<u>ig</u>lich [leːdɪklɪç]　単に
		k<u>ö</u>n<u>ig</u>lich [køːnɪklɪç]　王の
		K<u>ö</u>n<u>ig</u>reich [køːnɪkʁaɪç]　王国

121 🎧 Ⅳ 〈s〉 [s] [z] [ʃ] [ʃp] [ʃt] [tʃ] ////////////////////////////////////

Hier stehen ein Bett, ein Schrank, ein Schreibtisch und ein Stuhl.
Da sind ein Sofa und ein großer Esstisch.

ここにベッド、タンス、勉強机それに椅子があります。あそこに
ソファーと大きな食事用のテーブルがあります。

> 1) 音節の位置により音が変わります。
> ・語頭・音節頭の 〈sp-〉〈st-〉 は [ʃp] [ʃt]
> ・語末・音節末の 〈s〉 は無声化して [s]
> ・語頭・音節頭の 〈s〉 に母音が続くと [z] の有声音
>
> 2) 音環境による変化はありません。
> ・〈ss〉〈ß〉 は [s]
> ・〈sch〉 は [ʃ]

122 🎧 赤字に注意しながら音声に続いて発音しましょう。赤字は [ʃ] [s] [z] のどれ
ですか。下線に書きましょう。

1) Student 大学生　　Stadt 街　　　spät 遅い　　spielen 遊ぶ　＿＿＿＿

2) Sofa ソファー　　Sommer 夏　　　September 9月
　　Hose ズボン　　Reise 旅行　　　　　　　　　　　　　　　＿＿＿＿

3) Fuß 足　　heißen …という名前である　　weiß 白い　　　　＿＿＿＿

4) Schloss 城　　Wasser 水　　essen 食べる　　　　　　　　　＿＿＿＿

5) Haus 家　　Kurs コース　　Gast 客　　　　　　　　　　　　＿＿＿＿

6) Schüler 生徒　　Dusche シャワー　　Mensch 人間　　　　　＿＿＿＿

確認練習

〈st〉〈sp〉は、語頭・音節頭以外では [st] [sp] と発音します。次の 〈st〉〈sp〉は、語頭の [ʃt] [ʃp] と語中・語末の [st] [sp] のどちらですか。印をつけましょう。音声に続いて発音しましょう。

		[ʃt] [ʃp]	[st] [sp]
1) Post	郵便	☐	☐
2) Sport	スポーツ	☐	☐
3) Student	大学生	☐	☐
4) Transport	輸送	☐	☐
5) Straße	通り	☐	☐
6) fast	ほとんど	☐	☐
7) meistens	たいてい	☐	☐
8) Jahresplan	年間計画	☐	☐

確認練習

次の単語を音声に続いて発音しましょう。[s] に下線、[z] に波線、[ʃ] に二重線をつけましょう。

1) Sie heißt Sabine → und studiert Forstwissenschaften. ↘
   名前はザビーネで森林学を専攻しています。

2) Sie macht gern Sport. ↘ Sie schwimmt samstags → und spielt sonntags Fußball. ↘
   彼女はスポーツが好きです。土曜日に水泳をし、日曜日にサッカーをします。

3) Heute ist schönes Wetter → und die Sonne scheint. ↘
   今日は良いお天気で太陽が照っています。

[ʃ]

[ʃ] は、日本語の「シ」や「シュ」の子音部分に似ていますが、音は異なります。日本語の「シ」や「シュ」は、舌を平らにして歯茎（前歯の後ろ）と硬口蓋に狭めを作り、唇を丸めません。ドイツ語の [ʃ] は、舌先を後部歯茎（歯茎の盛り上がったところより少し奥）のところに隙間を作り、そこから鋭く息が漏れるような音を出します。唇は丸く突き出します。

125

レストランの会話です。[ʃ] に注意して音声に続いて発音しましょう。

Gast: Die Speisekarte bitte! ↘

Kellner: Bitte schön! ↘ ...Was wünschen Sie? ↘

Gast: Ich hätte gern ein Schnitzel mit Spinat. ↘

Kellner: Das ist unsere Spezialität. ↘

Möchten Sie dazu einen Mischsalat? ↗

Gast: Ja gern. ↘

Kellner: Und was wünschen Sie zu trinken? ↘

Gast: Ich möchte ein Schwarzbier. ↘

Kellner: Wünschen Sie auch eine Nachspeise? ↗

Gast: Ja gern. ↘

Eine Kirschtorte und einen Kaffee bitte! ↘

Kellner: Danke schön. ↘ Kommt sofort. ↘

客：メニューをお願いします。
ウエイター：どうぞ。何にいたしますか？
客：カツとほうれん草をください。
ウエイター：私たちの特別料理です。
ミックスサラダを添えましょうか？
客：ええお願いします。
ウエイター：飲み物は何にいたしましょう？
客：黒ビールが欲しいです。
ウエイター：デザートもお望みですか？
客：ええ。サクランボケーキとコーヒーをください。
ウエイター：ありがとうございます。すぐに持ってまいります。

[z] は、[s] の有声音です。舌先を歯茎（前歯の裏）に近づけて隙間を作り、声を出します。日本語のザ、ズ、ゼ、ゾの子音部分は、舌先を一瞬歯茎に閉じて発音する [dz]（破擦音）になることがあります。ドイツ語の [z] ではどこも閉じずに歯茎に隙間を作って発音します。

126

家具屋の会話です。次の下線部の [s]（〈s〉〈ss〉〈ß〉）と [z]（〈s〉）に注意しながら音声に続いて発音しましょう。

Verkäufer: Was suchen Sie? ↘

Kunde: Ich suche ein Sofa. ↘

Verkäufer: Wie finden Sie dieses Sofa? ↘

Kunde: Gut, → aber es ist ein bisschen zu groß. ↘ Haben Sie es noch kleiner? ↗

Verkäufer: Hier sind einige. ↘

Kunde: Das hier ist super. Wie viel kostet das Sofa? ↘

Verkäufer: Nur siebenhundert Euro. ↘

店員：何をお探しですか？
　客：ソファーを探しています。
店員：このソファーはどうですか？
　客：いいですね。でも少し大きすぎます。もう少し小さいのはありますか？
店員：ここにいくつかあります。
　客：これは素晴らしい。このソファーはいくらですか？
店員：たったの 700 ユーロです。

63

Ⅴ 〈L/l〉[l]、〈R/r〉[ʁ]、語末・音節末の〈-r/-er〉[ɐ]

127 R/r [ʁ]

Peter ist groß, hat kurze Haare. Lisa ist klein und jünger als Peter.
ペーターは背が高く、髪の毛は短い。リーザは背が低くペーターより若い。

> 標準ドイツ語発音のR音は、[ʁ] の音です。[ʁ] は、舌先を下げたまま舌全体を奥に引き、口の奥にある口蓋垂（のどひこ）に近づけてその隙間から声を出します。
> 〈ch〉の [x] を使って [ʁ] の練習ができます。[x] を発音するときのように、息の漏れが大きく聞こえるほど軟口蓋と後舌で狭めを作り、息を吐き出します。そのまま声を出して有声音にすると〈r〉に認められる音になります。[x] の狭めをさらに奥にある口蓋垂（のどひこ）までずらして有声にすると正しいR音の [ʁ] になります。〈ach〉[ax] の [x] を有声音にする練習から始めましょう。
> また日本語の語末の鼻音「ン」は、軟口蓋の [ŋ] や口蓋垂の [ɴ] を使います。「カン」や「ラン」の「ン」のところをわずかに離してすきまを作り、口から息を出すと [ʁ] になります。口蓋垂の [ɴ] の方が、正しい [ʁ] になります。

Rot [ʁoːt] 赤 　　– Brot [bʁoːt] パン

Raum [ʁaʊm] 空間 – Traum [tʁaʊm] 夢

Reis [ʁaɪs] 米 　 – Preis [pʁaɪs] 値段

128 [x] (〈ch〉) と組み合わせて [ʁ] を練習しましょう。

auch Rot [aʊx ʁoːt] 赤も

doch Rose [dɔx ʁoːzə] やはりバラ

64

acht Ringe [axt ʁɪŋə]　指輪8個

Koch Reis! [kɔx ʁaɪs]　米を炊け！

L / l [l]

> ドイツ語のL音は、舌先を前歯の裏（歯茎）およそ4本分にしっかり当て、舌の両脇から声を出します。英語のL音は、舌先のみを前歯の裏（歯茎）に軽く当てるため、音が異なります。区別して発音しましょう。

Lampe [lampə]　灯り　　Laden [laːdən]　店

Glas [glaːs]　グラス　　Milch [mɪlç]　牛乳

Film [fɪlm]　映画　　Ball [bal]　ボール

Leid [laɪt]　悲しみ － Kleid [klaɪt]　ワンピース

lange [laŋə]　長い － Schlange [ʃlaŋə]　へび

los [loːs]　外れた － Schloss [ʃlɔs]　城

確認練習

次の単語を音声に続いて発音しましょう。2つの単語のうち1つが読み上げられます。聞こえた方の単語にチェックを入れましょう。

1) ☐ Reise　旅行　　☐ leise　（音の）小さい

2) ☐ Rand　端　　☐ Land　国

3) ☐ reden　語る　　☐ leben　生きる

4) ☐ Schrank　タンス　　☐ schlank　ほっそりした

5) ☐ Gras　草　　☐ Glas　グラス

6) ☐ Braun　茶色　　☐ Blau　青色

7) ☐ früh　早い　　☐ Flügel　羽

語末・音節末の〈-r, -er〉

語末・音節末の〈-r, -er〉は、軽く「ア」と発音する [ɐ] の音です。[aː] [a] のように口を大きく開けません。かといって [ə] 程度に狭めません。ちょうど [ə] と [a] の中間ほどの開きです。〈-r〉は〈-er〉より多少短く発音します。どちらにもアクセント（強勢）がつかないのが特徴です。非分離前綴り er- [ɛɐ], ver- [fɛɐ], zer- [tsɛɐ], her- [hɛɐ] の〈-r〉も [ɐ] 音です。

131

〈-r〉	Bier [biːɐ] ビール	Uhr [uːɐ] 時計
	Tür [tyːɐ] ドア	Meer [meːɐ] 海
〈-er〉	aber [aːbɐ] しかし	Mutter [mʊtɐ] 母
	Bruder [bʁuːdɐ] 兄弟	Sommer [zɔmɐ] 夏

〈er-〉〈ver-〉〈zer-〉〈her-〉

Erfolg [ɛɐfɔlk] 成功　　　　verkaufen [fɛɐkaʊfən] 売る

zerfallen [tsɛɐfalən] 崩れる　　Herkunft [heːɐkʊnft] 出身

132 次の男性形と女性形の職業名と国籍を〈-er, r〉に注意しながら音声に続いて発音しましょう。語尾の〈-er〉は [ɐ] 音ですが、母音が続く〈r〉は [ʁ] 音になります。

[ɐ]　　　　　　　　　　　　　　[ʁ]

Maler [malɐ] 画家

Malerin [maləʁɪn] 画家（女性）

Verkäufer [fɛɐkɔɪfɐ] 店員

Verkäuferin [fɛɐkɔɪfəʁɪn] 女性店員

Japaner [japaːnɐ] 日本人

Japanerin [japaːnəʁɪn] 日本人（女性）

Engländer [ɛŋlɛndɐ] イギリス人

Engländerin [ɛŋlɛndəʁɪn] イギリス人
（女性）

〈-r, -er, r〉に注意しながら単数形・複数形、人称変化形を音声に続いて発音
しましょう。

[ɐ]	[ʁ]
J<u>a</u>hr 年	J<u>a</u>hre 年 *(pl)*
H<u>aa</u>r 髪	H<u>aa</u>re 髪 *(pl)*
Er studi<u>e</u>rt.	Wir studi<u>e</u>ren.
彼は大学で勉強する。	私たちは大学で勉強する。
Sie f<u>ä</u>hrt.	Sie f<u>a</u>hren.
彼女は（乗り物で）行く。	彼らは（乗り物で）行く。

〈-r, -er〉の [ɐ] は赤字、〈r〉の [ʁ] には赤字と下線がついています。続いて発
音しましょう。

<u>R</u>osi ist ein H<u>a</u>mster → und Kl<u>a</u>ra ist eine K<u>a</u>tze. ↘

<u>R</u>osi ist kl<u>ei</u>ner als Kl<u>a</u>ra. ↘

<u>R</u>osi sitzt l<u>ie</u>ber im D<u>u</u>nkeln. ↘

<u>R</u>osi isst w<u>e</u>niger als Kl<u>a</u>ra. ↘

Kl<u>a</u>ra schläft l<u>ä</u>nger als <u>R</u>osi. ↘

Kl<u>a</u>ra verbringt den M<u>o</u>rgen am F<u>e</u>nster. ↘

Kl<u>a</u>ra springt h<u>ö</u>her als <u>R</u>osi. ↘

Kl<u>a</u>ra spielt immer mit ih<u>r</u>er M<u>au</u>s. ↘

ロージーはハムスターでクラーラは猫です。
ロージーはクラーラより小さい。
ロージーは、暗がりに座るのが好きだ。
ロージーはクラーラより食べるのが少ない。
クラーラはロージーより長く寝る。
クラーラは毎朝、窓辺で過ごす。
クラーラはロージーより高く飛ぶ。
クラーラはいつも自分のねずみで遊ぶ。

VI 〈M/m〉[m], 〈N/n〉[n], 〈-ng〉〈nk〉[ŋ] ////////////////////////////

> 〈M/m〉は日本語のマ行の子音部分と同じです。日本語の語末の「ン」は、
> 軟口蓋（上あごの柔らかい部分）を閉じて鼻から息を出す [ŋ]、または口蓋
> 垂を閉じて鼻から出す [ɴ] のどちらかを使います。ドイツ語の〈n〉は、原
> 則として語頭、音節頭、語末・音節末のいずれも歯茎（上歯のすぐ裏）と舌
> 先で閉じ、鼻から息を出す [n] です。日本語の [ŋ] や [ɴ] にならないように
> 注意しましょう。

135
語末の〈n〉を日本語とドイツ語で比べましょう。

日本語	ドイツ語
カン [kaŋ] [kaɴ]	(ich) kann [kan] das （私は）それが出来る
ビン [biŋ] [biɴ]	(ich) bin [bɪn] …（私は）…である
ダン [daŋ] [daɴ]	dann [dan]　その後

136
語末の [n] を正しく発音しましょう。

Lektion [lɛktioːn]　（教科書の）課　　Information [ɪnfɔʁmatsioːn]　情報

Bahn [baːn]　電車　　Wein [vaɪn]　ワイン　　Sohn [zoːn]　息子

gehen [geːən]　行く　　suchen [zuːxən]　探す

> ドイツ語でも [ŋ] 使います。語末・音節末の〈-ng〉は 2 文字で [ŋ] 音です。
> 〈n(k)〉のように〈k〉の直前の〈n〉は、[k] と同じところで発音する [ŋ] を
> 使います。[ŋ] は、軟口蓋（上あごの柔らかい部分）と後舌で口の中を閉じ、
> 鼻から息を出します。

137
〈ng〉[ŋ]

lang [laŋ] 長い　singen [zɪŋən] 歌う　Kleidung [klaɪdʊŋ] 洋服
Zeitung [tsaɪtʊŋ] 新聞　　Wohnung [voːnʊŋ] 住まい

138
〈nk〉[ŋk]

Dank [daŋk] 感謝　Bank [baŋk] 銀行　krank [kʁaŋk] 病気の

139 [ŋ] と [ŋk] を区別し、音声に続いて発音しましょう。

[ŋ]	[ŋk]
singen [zɪŋən]　歌う	sinken [zɪŋkən]　沈む
Engel [ɛŋəl]　天使	Enkel [ɛŋkəl]　孫
Schlange [ʃlaŋə]　へび	schlank [ʃlaŋk]　ほっそりした

140 確認練習

次の文の [ŋ] に下線を引きましょう。音声で確かめ、続いて発音しましょう。

1) Ich habe die Anzeige in der Zeitung gelesen. ↘
　新聞の広告を見ました。

2) Entschuldigung. ↘　Wie lange ist die Bank geöffnet? ↘
　すみません。銀行はいつまで開いていますか？

3) Vielen Dank für Ihre Information. ↘　　情報をどうもありがとう。

4) Ich habe Hunger und Durst. ↘　—Ich bringe dir etwas mit. ↘
　お腹がすいてのどが渇いた。　一何か持ってきてあげます。

141 ⟨m⟩ ⟨n⟩ ⟨ng⟩ に注意しながら音声に続いて発音しましょう。

Anton:　Hallo Marie. ↘　Wie geht's? ↘

Marie:　Nicht gut. ↘　Ich habe Fieber und Husten. ↘
　　　　Ich glaube, → ich bin krank. ↘

Anton:　Du Arme. ↘　Da musst du zur Apotheke → und
　　　　Medikamente holen → oder zum Arzt gehen. ↘
　　　　Jedenfalls trink viel Tee → und schlaf lang. ↘

Marie:　Ja, → das mache ich. ↘　Vielen Dank. ↘
　　　　Ich gehe sofort ins Bett. ↘

　Ａ：こんにちはマリー。元気？
　Ｍ：良くない。熱があってと咳が出る。病気だと思う。
　Ａ：かわいそうに。薬局に行って薬を買うか、医者に行かなければ。とにかくお茶をた
　　　くさん飲んでよく寝ること。
　Ｍ：わかった。そうする。どうもありがとう。すぐにベッドに入るよ。

VII 破擦音 [pf] [ts] [tʃ] ///

> 破擦音とは、[p] [t] の破裂音に [f] [s] [ʃ] の摩擦音が連続した音のことです。
> ひとまとまりとして捉えられます。破擦音は、ほぼ同じところで発音しま
> す。[pf] では [p] のところで息を止めておいて [f] で息を吐き出します。[ts]
> [tʃ] では、同様に [t] のところで止めてから破裂させずに続く摩擦音の [s] [ʃ]
> で息を出します。

142

⟨pf⟩ [pf]

Pferd [pfɛɐt] 馬　　　　Apfel [apfəl] リンゴ　　　　Kopf [kɔpf] 頭

143

⟨ts, tz, z, zz, -ds⟩ [ts]

nachts [naçts] 夜に　　jetzt [jɛtst] 今　　　tanzen [tantsən] 踊る

Pizza [pɪtsa] ピザ　　abends [aːbənts] 夕方に

144

⟨tsch⟩ [tʃ]

Deutsch [dɔɪtʃ] ドイツ語　　Tschüs [tʃʊs] バイバイ

145

ホテルの宿泊カードの 1)〜5) に適切な単語を選んで記入しましょう。

Anmeldeformular	**Hotel Tanne**

Familienname:＿＿＿Pfeiffer＿＿＿　Vorname: 1)＿＿＿＿＿＿

2)＿＿＿＿＿＿ : ＿17.12.1979＿

Passnummer: ＿C5100021＿　Staatsangehörigkeit: 3)＿＿＿＿＿

Beruf: 4)＿＿＿＿＿＿

Adresse (Platz, Ort, Staat): ＿Pflasterweg 20, Köln, Deutschland＿

E-Mail-Adresse: ＿fritz.pfeiffer@t-online.de＿

Ankunftsdatum: ＿12.06.2022＿　Abreisedatum: ＿14.06.2022＿

5)＿＿＿＿＿＿ : ☒ Kreditkarte　☐ bar

Unterschrift: ＿*Fritz Pfeiffer*＿

Arzt　Bezahlung　deutsch　Fritz　Geburtsdatum

70

VIII よく使われる外来語の発音 ////////////////////////////////

⟨Ai/ai⟩	[ɛ]	Saison [zɛzõ] 季節
		Training [tʁɛːnɪŋ] トレーニング
⟨Au/au⟩	[oː]	Sauce [zoːsə] ソース
⟨C/c⟩	[k]	Camping [kɛmpɪŋ] キャンプ
		Computer [kɔmpjuːtɐ] コンピュータ
		Couch [kaʊtʃ] カウチ
		Cousin [kuzɛ̃] いとこ
		Creme [kreːm] クリーム
	[tʃ]	Champion [tʃɛmpijən] チャンピオン
		Cello [tʃɛlo] チェロ
	[s]	Cent [sɛnt] セント ([tsɛnt] も)
⟨Ch/ch⟩	[ʃ]	Chef [ʃɛf] 主任
		Chance [ʃãːsə] チャンス
	[k]	Charakter [kaʁaktɐ] 性格
		Chor [koːɐ] コーラス
		Christbaum [kʁɪstbaʊm] クリスマスツリー
	[tʃ]	checken [tʃɛkən] チェックする
		Chile [tʃiːlə] チリ
⟨Eu/eu⟩	[ø(ː)]	Friseur [fʁizøːɐ] 美容師
⟨Eau/eau⟩	[oː]	Niveau [nivoː] レベル
⟨G/g⟩	[ʒ]	Garage [gaʁaːʒə] ガレージ
		Genie [ʒeniː] 天才
		Orange [oʁãːʒə] オレンジ
⟨J/j⟩	[ʒ]	Journalist [ʒʊʁnalɪst] ジャーナリスト
	[dʒ]	joggen [dʒɔgən] ジョギングする
		Jazz [dʒɛz] ジャズ
		Jeans [dʒiːns] ジーンズ
⟨Ou/ou⟩	[ʊ] [u]	Mousse [mʊs] ムース
		Cousin [kuzɛ̃] いとこ
⟨Y/y⟩	[yː]	Typ [tyːp] タイプ
	[j]	Yacht [jaxt] ヨット

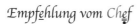 次の文の外来語を音声に続いて発音しましょう。

Empfehlung vom Chef

Vorspeise: Karotten-Cremesuppe
Hauptgericht: Rindersteak aus Chile mit Saisongemüse
und Pommes frites [pɔmfʁɪt]
Nachspeise: Orangenmousse

Jazzabend in unserem Restaurant: am 22. Juli ab 20 Uhr
mit Buffet [bʏfeː]

シェフのおすすめ
前菜：キャロットクリームスープ
メイン：チリ産牛ステーキ、季節の野菜とフライドポテト添え
デザート：オレンジムース
当レストランでジャズの夕べ：7月22日20時から、バイキング形式で

発音チェックシート

次のチェック項目にチェックを入れましょう。

十分できる＝A　ある程度できる＝B　まだ不十分＝C

	A	B	C
1）語末・音節末の〈b, d, g, s, v〉の無声化が正しく読める	□	□	□
2）語末・音節末の〈b, d, g, s, v〉の無声化が正しく発音できる	□	□	□
3）〈f, v, w, ph〉が正しく読める	□	□	□
4）〈f, v, w, ph〉が正しく発音できる	□	□	□
5）〈ch〉の2つの音 [ç] と [x] と〈-ig〉が正しく読める	□	□	□
6）〈ch〉の2つの音 [ç] と [x] と〈-ig〉が正しく発音できる	□	□	□
7）〈s〉を含む音 [s] [z] [ʃ] [ʃp] [ʃt] [tʃ] が正しく読める	□	□	□
8）〈s〉を含む音 [s] [z] [ʃ] [ʃp] [ʃt] [tʃ] が正しく発音できる	□	□	□
9）〈l〉〈r〉が正しく読める	□	□	□
10）〈l〉〈r〉が正しく発音できる	□	□	□
11）語末・音節末の〈-r/-er〉が正しく読める	□	□	□
12）語末・音節末の〈-r/-er〉が正しく発音できる	□	□	□
13）[ŋ] が正しく読める	□	□	□
14）[ŋ] が正しく発音できる	□	□	□
15）外来語が正しく読める	□	□	□
16）外来語が正しく発音できる	□	□	□

Ⅰ 語アクセント（強勢）

148

ドイツ語は強弱アクセントの言語であり、語アクセント（強勢）のついた強音節は「強く（高く・長く）」発音します。語アクセント（強勢）のない音節は弱音節です。弱音節は相対的に「弱く・速く」発音します。強音節と弱音節を区別して発音することでドイツ語のリズムが刻まれます。

<pre>
強音節 弱音節   強音節 弱音節 弱音節
  | | | | |
 Laden 店   arbeiten 働く
</pre>

1) 原則として語幹の第1音節に語アクセント（強勢）が置かれます。

kommen　来る　　Stunde　時間

2) 非分離前綴り be-, emp-, ent-, er-, ge-, ver-, zer- に語アクセント（強勢）は置かれず、語幹にアクセントがつきます。

bezahlen　支払う　　gehören　…のものである

3) 分離動詞では前綴りにアクセント（強勢）が置かれます。

an｜ziehen　着る　　mit｜bringen　持ってくる

4) 前綴り um-, wieder-, wider-, miss- は、分離動詞にも非分離にも使われ、分離動詞では前綴りに語アクセント（強勢）が置かれますが、非分離動詞の前綴りには語アクセント（強勢）がつかず、語幹に置かれます。アクセント（強勢）の位置で意味を区別します。

um｜ziehen　着替える　　umziehen　覆う
wieder｜holen　取り返す　　wiederholen　繰り返す

5) 外来語は、最後の音節あるいは最後から2番目の音節に語アクセント（強勢）が置かれます。

Café　カフェ　　interessieren　関心がある　　Restaurant　レストラン

6) 2つ以上の語からなる複合語は、最初の語（規定語）に語アクセント（強勢）
   が置かれます。

Bahn|hof 駅　　Haupt|bahnhof 中央駅　　Rat|haus 市庁舎

149

1 次の語のアクセント（強勢）位置は強く（高く・長く）、それ以外は弱く・
速く発音し、強勢アクセントのつく強音節とつかない弱音節を区別してリ
ズミカルに発音しましょう。

1) kommen 来る　　ankommen 到着する　　bekommen もらう

2) bringen 持ってくる　　verbringen 過ごす

   mitbringen （一緒に）持ってくる

3) fahren （乗り物に乗って）行く　　umfahren 迂回する　　umfahren 引き倒す

4) Musik 音楽　　Musiker 音楽家　　musizieren 演奏する

5) Bahn 電車　　Bahnhof 駅　　Hauptbahnhof 中央駅

150

2 次の語のアクセント（強勢）はどこですか。アクセント（強勢）のある長
母音に＿を、短母音に．をつけましょう。続いて発音しましょう。

1) Bundesland　　連邦州　　　　　　　2) vergessen 忘れる

3) Wetter　　天気　　　　　　　　　　4) Politik　　政治

5) Geschenk　　プレゼント　　　　　　6) Auge　　目

7) an|kommen　　到着する　　　　　　8) Interesse 興味

151

3 次の合成語を｜で分けましょう。またアクセント（強勢）のある長母音に
＿を、短母音に．をつけましょう。

例：Wochen|ende 週末

1) Erdbeereis　　イチゴのアイスクリーム　　2) Sonnenschein 日光

3) aussehen　　…のように見える　　　　　4) Zeitschrift　　雑誌

5) beenden　　終える　　　　　　　　　　6) verreisen　　旅行に出かける

ドイツ語は**強勢拍リズム**の言語です。強勢拍リズムを保つために、文中の語アクセント（強勢）を担う強音節から次の強音節までの間隔をほぼ同じにします。等間隔にするために強音節を強く・高く・ゆっくり発音したり、弱音節を弱く・速く発音したりし、時には弱音節を音声変化させて長さを調整します（84、132 頁参照）。

強勢拍リズムの強音節は、原則として**内容語**の中のアクセント（強勢）が置かれた音節です。**内容語**は、名詞、形容詞、動詞、副詞など実質的な意味を持つ語です。冠詞、前置詞、接続詞など主に文法的な関係を示す**機能語**は、原則として弱音節が担います。

次の例では、名詞 Wohnung が内容語、不定冠詞 eine が機能語です。内容語の語アクセント（強勢）がついた強音節 Woh は、強く（高く・長く）して際立たせます。機能語の ei, ne と内容語のアクセント（強勢）のつかない ung は弱音節のため弱め・速めに発音して強勢拍リズムのメリハリをつけます。

機能語　　内容語

弱め・速め　強め・長め　弱め・速め

↓　↓　　↓　　↘

eine W<u>o</u>hnung 　住居

文では強音節を中心にそれぞれのまとまりを作り、強音節間をほぼ同じ長さに保ちます。以下の文では内容語の wohnen, Wohnung, Terasse の強音節間にある弱音節 -nen, in, einer, -ung, mit, Ter- は速め・弱めに発音して長さを調整します。

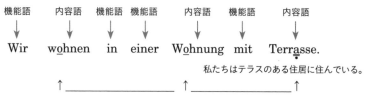

機能語	内容語	機能語	機能語	内容語	機能語	内容語
↓	↓	↓	↓	↓	↓	↓
Wir	w<u>o</u>hnen	in	einer	W<u>o</u>hnung	mit	Terr<u>a</u>sse.

私たちはテラスのある住居に住んでいる。

↑＿＿＿＿＿＿＿＿＿＿＿ ↑＿＿＿＿＿＿＿＿＿ ↑

↑の間をほぼ同じ長さに調整

リズムグループは、話す速さや文の長さなどにより1語からできていることも複数の語がまとまっていることも、1文のこともあります。どこで分けるかは、話し方や速度により決まります。

ゆっくり   リズムグループ：//

↑ / Gehst du / heute Nachmittag / ins Kino?/   3つのリズムグループ
　　今日の午後映画館へ行く？

　/ Gehst du heute Nachmittag / ins Kino?/   2つのリズムグループ

　/ Gehst du / heute Nachmittag ins Kino?/   2つのリズムグループ

↓ / Gehst du heute Nachmittag ins Kino?/   1つのリズムグループ

速く

153 🎧 次の文の強音節間をほぼ一定に保つために内容語の強音節は強め（高め・長め）に発音し、強音節間の機能語は速め・弱めに発音しましょう。

1) mit dem Computer   コンピュータで
   mit dem Computer arbeiten   コンピュータで仕事する
   mit dem neuen Computer arbeiten   新しいコンピュータで仕事する

2) Ich kann es.   私はできる。
   Ich kann es machen.   私はそれができる。
   Ich kann es schon machen.   私はもちろんそれができる。

3) Trinkst du Tee?   紅茶を飲む？
   Trinkst du Tee mit Milch?   ミルク入りの紅茶を飲む？
   Trinkst du Tee mit Milch und Zucker?   ミルクと砂糖入りの紅茶を飲む？

154 🎧 次のバス停を尋ねる場面の会話文を聞き、内容語の強音節に短母音「.」と長母音「__」のしるしをつけましょう。

○ Entschuldigen Sie!   動詞
   Wo ist die Bushaltestelle?   疑問詞、名詞

△ Sehen Sie da?	動詞、副詞
Da sind die Busse.	副詞、名詞
Wohin möchten Sie fahren?	疑問詞、動詞
◯ In die Innenstadt.	名詞
△ Dann nehmen Sie den Bus Linie 40.	動詞、名詞、数詞
◯ Vielen Dank.	形容詞、名詞
△ Nichts zu danken.	副詞、動詞
Schöne Fahrt!	形容詞、名詞

◯すみません。バス停はどこですか？
△あれが見えますか？あそこにバスが止まっています。どこに行かれますか？
◯街中です。
△そしたら40番バスを使いなさい。
◯どうもありがとうございます。
△どういたしまして。気をつけて。

155 🎧 **III** 文アクセント //

話し手が最も伝えたい情報を持つ語に**文アクセント**が置かれます。**文アクセント**を担う語の強音節は、語アクセントの持つ強さを保ちながら文アクセントの持つ高さ（低さ）と長さが加わります。

リズムグループが1文である場合、**文アクセント**はリズムグループのアクセント（強勢）と同じところにあります。

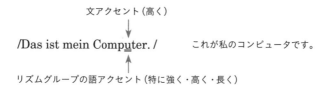

これが私のコンピュータです。

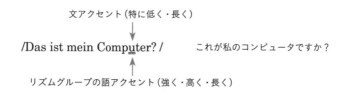

これが私のコンピュータですか？

78

🎧 156 中立アクセント

中立的な文に複数のリズムグループがある場合、最後のリズムグループの語アクセント（強勢）が**文アクセント**です。　　　　　　　　　▶ 74 頁参照

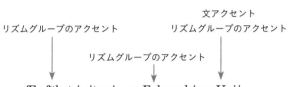

リズムグループのアクセント
文アクセント
リズムグループのアクセント
リズムグループのアクセント

/Er fährt /mit seinem Fahrrad /zur Uni/.

彼は自分の自転車で大学に行く。

🎧 157 焦点アクセント

前後の文脈により特定の語に重きが置かれ、焦点が当てられると、そこに**文アクセント**が置かれ、長く、そして高く（低く）発音します。
問われたことに対する答えとなる語や、特に強調したい語に置かれるため、代名詞などの**機能語**であっても際立たせることがあります。

文アクセント（低く）

/Das ist mein Computer?/　　これが「私の」コンピュータ？

・**焦点アクセント**

誰が？	/Wir fahren mit Peter nach Berlin./	「私たちが」が伝えたい情報
どこへ？	/Wir fahren mit Peter nach Berlin./	「ベルリンに」が伝えたい情報
誰と？	/Wir fahren mit Peter nach Berlin./	「ペーターと」が伝えたい情報
本当に？	/Wir fahren mit Peter nach Berlin./	「(本当に)行く」が伝えたい情報

練習

① a) b) のどちらかの文の音声が流れます。文アクセントに注意し、聞こえた方に印をつけ、続いて発音しましょう。

1) a) □ Mari̱a ka̱u̱fte zwe̱i̱ Bü̱cher.

   b) □ Mari̱a ka̱u̱fte zwe̱i̱ Bü̱cher.

   マリアは本を 2 冊買った。

2) a) □ Tou̇ri̇sten besi̇chtigen gėrn das Schloss.

   b) □ Tou̇ri̇sten besi̇chtigen gėrn das Schlȯss.

   観光客は城を見学するのが好きです。

② 次の （ ） に対する答えの文の中でどの単語に文アクセントがつけられますか。下線を引きましょう。

1) (Was hast du vergessen?) Ich habe mein Lehrbuch vergessen.

2) (Welches Lehrbuch?) Das bunte Lehrbuch.

3) (Was lernt ihr?) Wir lernen Deutsch.

4) (Was gibt es jede Woche?) Es gibt jede Woche einen Test.

5) (Wie ist es mit Thomas?) Er kann nicht kommen.

6) (Was machst du?) Ich gehe spazieren.

Ⅳ 文末イントネーション //////////////////////////////////

イントネーションは、文を単位とする音の高さの変化です。文末イントネーションは、文アクセントの位置から文の終了までの高さの変化を表し、3 種類を区別します。文の最後が下がる場合は下降調、上がる場合は上昇調、音の高さを同じにするか少し上げる場合は平坦調です。

Er heißt Tho̱mas. ↘   **下降調**

Er heißt Tho̱mas. ↗   **上昇調**

Er heißt Tho̱mas, und... → **平坦調**

・**下降調 fallend** ↘

平叙文、命令文、補足疑問文 (疑問詞つきの疑問文)、感嘆文など

| 平叙文 | Ich suche einen Hut.
私は帽子を探しています。 | 文全体を下げ、
Hut からさらに下げる |

| | Ich suche einen Hut. | Hut を強調するときは
一度 Hut を上げてから下げる |

| 命令文 | Suchen Sie ihn!
彼を探してください。 | suchen から徐々に下げる |

| 補足疑問文 | Was suchen Sie?
何を探していますか？ | suchen から徐々に下げる |

| 感嘆文 | Der Hut ist schön!
帽子は素敵です。 | Hut を特に高くし、
徐々に下げる |

・**上昇調 steigend** ↗ ：決定疑問文、丁寧さを表す場合など

| 決定疑問文 | Suchen Sie einen Hut?
帽子を探していますか？ | Hut を一度下げてから上げる |

| 丁寧さ | Was suchen Sie?
何をお探しですか？ | suchen を下げてから
徐々に上げる |

・**平坦調 gleichbleibend** →

文の途中など、話が終わっていないことを表します。ピッチはほとんど変化しませんが、上昇したとしてもわずかです。

Ich suche einen Hut,... →

🎧 （練習）

1 次の文のどちらの音声が流れますか。□にチェックを入れましょう。

1) a) □ Kommen Sie!　　　　　b) □ Kommen Sie?
　　　来てください。　　　　　　　　来ますか？

2) a) □ Wir müssen schon gehen.　b) □ Wir müssen schon gehen?
　　　私たちはもう行かなければ。　　　私たちはもう行かなければならないですか？

3) a) □ Machen Sie Sport!　　　b) □ Machen Sie Sport?
　　　スポーツをしなさい。　　　　　スポーツをしますか？

162 🎧 2 次の平叙文と聞き返す文のイントネーションに注意して音声に続いて発音しましょう。

平叙文	聞き返し文
1) Kaffee. ↘	Kaffee? ↗
コーヒー。	コーヒー？
2) Kaffee mit Milch. ↘	Kaffee mit Milch? ↗
ミルク入りのコーヒー。	ミルク入りのコーヒー？
3) Kaffee mit Milch und Zucker. ↘	Kaffee mit Milch und Zucker? ↗
ミルクと砂糖入りのコーヒー。	ミルクと砂糖入りのコーヒー？
4) Das ist ein Tisch. ↘	Das ist ein Tisch? ↗
これは机です。	これは机ですか？
5) Die Sonne scheint. ↘	Die Sonne scheint? ↗
太陽が照っている。	太陽は照っていますか？
6) Wir kommen um vier. ↘	Ihr kommt um vier? ↗
私たちは4時に来ます。	君たちは4時に来ますか？

Ⅴ 感情のイントネーション ///////////////////////////////

イントネーションは、話者の感情（皮肉や喜び、丁寧さなど）を表すことが
できます。「喜び」や「驚き」を表すイントネーションでは、高いところか
ら急激に下げて高低の幅を大きく取り、多少長くなります。「悲しみ」や「怒
り」では高低の幅を抑えて抑揚をあまりつけず、低い声で話します。
高さや強さ、長さ、速さで感情を表します。

163

a) 中立的　Eine Tom<u>a</u>tensuppe. ↘

b) 喜び　Eine Tom<u>a</u>tensuppe. ↘　　<u>a</u> を中立的な高さより高くし、少しずつ下げる
　　　　　　　　　　　　　　　　　　　　　文アクセントは長め、強め

c) 驚き　Eine Tom<u>a</u>tensuppe. ↘　　<u>a</u> を中立的な高さより高くし、急激に下げる
　　　　　　　　　　　　　　　　　　　　　文アクセントは長め、強め

d) 悲しみ　Eine Tom<u>a</u>tensuppe. ↘　<u>a</u> を低くし、文末まで続ける
　　　　　　　　　　　　　　　　　　　　　文アクセントは長め、弱々しく

e) 怒り　Eine Tom<u>a</u>tensuppe. ↘　　<u>a</u> を急激に低くし、文末まで続ける
　　　　　　　　　　　　　　　　　　　　　文アクセントは長め、強め

164

次の 1)～6) を音声に続いて「喜び」「驚き」「悲しみ」「怒り」で発音しましょう。

		a) 「喜び」	b) 「驚き」	c) 「悲しみ」	d) 「怒り」
1) Sonne!	太陽	☐	☐	☐	☐
2) Regen!	雨	☐	☐	☐	☐
3) Sonntag!	日曜日	☐	☐	☐	☐
4) Apfelsaft!	リンゴジュース	☐	☐	☐	☐
5) am Strand B<u>ü</u>cher l<u>e</u>sen	浜辺で本を読む	☐	☐	☐	☐
6) mit einem Fl<u>u</u>gzeug fl<u>ie</u>gen	飛行機で飛ぶ	☐	☐	☐	☐

83

その他の感情のイントネーション

叙述文　Thomas ist angekommen.

文アクセント Tho から文末に向けて下げる

懐疑的　Thomas ist angekommen?

文アクセント an を下げ、徐々に最後に向かって上げる

無関心　Thomas ist angekommen.

終始上下の高さがない

信じられない　Thomas ist angekommen?

Thomas のところを上げてから an を下げ、文末に向けて上げる

Ⅵ　音声変化 //

日常的な会話では特定の音が省略されたり、前後の音に合わせて変化したりと様々に変化します。変化するのはほとんどが弱音節です。強勢拍リズムを保つために強音節は強く、比較的高く・長く発音されますが、弱音節は速く・弱く発音するために変化が起きます。

1　〈e〉音 [ə]（シュワー音）の脱落

動詞や名詞、形容詞や冠詞の語尾 -en, -el, -em の〈e〉[ə]（シュワー音）は、日常会話ではよく脱落し、〈e〉[ə]（シュワー音）が省かれた後に -n, -l, -m を長めに発音します。

> einen は脱落形の 'nen もしくは ein' がよく使われます。

Wir suchen einen Blumenladen.
私たちは花屋を探しています。

Wir such'n ein' Blum'nlad'n.
[viːɐ zuːxn aın bluːmnlaːdn]

次の単語の語尾 -en の -e- は脱落します。音声に続いて発音しましょう。

1) Was haben Sie da? 　　そこに何を持っていますか？
2) Die Lampen sind schön. 　その灯りは素敵です。
3) Sie reden gut. 　　彼らは話しが上手だ。
4) Wir bitten sie. 　　私たちは彼らにお願いしています。
5) Fragen wir ihn! 　　彼に聞いてみよう。
6) Was schenken wir? 　　何をプレゼントしますか？
7) Was planen Sie? 　　あなたの計画は何ですか？
8) Kommen Sie zu mir! 　私のところに来てください。
9) Was wollen Sie? 　　何をお望みですか？
10) Gehen wir! 　　行きましょう。

2 〈e〉音 [ə]（シュワー音）脱落後の鼻音の変化

シュワー音〈e〉に続く鼻音 [n] は、〈e〉が脱落した後に [m] や [ŋ] に変わることがあります。このように鼻音 [n] が直前の子音と同じところで発音することを同化といいます。

[b] [p] [m] [f] の直後の [n] は [m] に

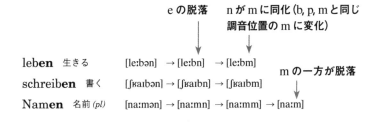

e の脱落　　n が m に同化（b, p, m と同じ調音位置の m に変化）

leben 生きる	[leːbən]	→ [leːbn]	→ [leːbm]	
schreiben 書く	[ʃʁaɪbən]	→ [ʃʁaɪbn]	→ [ʃʁaɪbm]	m の一方が脱落
Namen 名前 (pl)	[naːmən]	→ [naːmn]	→ [naːmm]	→ [naːm]

[g] [k] [ʁ] 直後の [n] は [ŋ] に

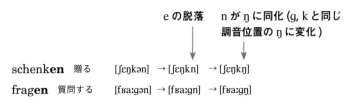

e の脱落　　n が ŋ に同化（g, k と同じ調音位置の ŋ に変化）

schenken 贈る	[ʃɛŋkən]	→ [ʃɛŋkn]	→ [ʃɛŋkŋ]
fragen 質問する	[fʁaːgən]	→ [fʁaːgn]	→ [fʁaːgŋ]

歯茎音 [d] [t] [n] [s] [z] と母音直後の [n] は、同じ調音位置のために同化しない。

e の脱落

↓

reden	話す	[ʁeːdən] →	[ʁeːdn]
bitten	頼む	[bɪtən] →	[bɪtn]
essen	食べる	[ɛsən] →	[ɛsn]
gehen	行く	[geːən] →	[geːn]

169 🎧 下線部の動詞の赤字の鼻音は、直前の〈e〉[ə]（シュワー音）脱落後に [m] [ŋ] に変わりますが、3) 4) 7) 8) では [n] のままです。音声に続いて発音しましょう。

1) <u>Geben</u> [geːbm] Sie mir bitte eine Tüte.　　袋を 1 つください。

2) <u>Rufen</u> [ʁuːfm] Sie mich morgen an.　　私に明日電話をください。

3) Wir <u>lesen</u> [leːzn] das Buch.　　私たちはその本を読みます。

4) Wir <u>finden</u> [fɪndn] das gut.　　私たちはそれを良いと思います。

5) <u>Sagen</u> [zaːgŋ] Sie mir Bescheid.　　私に知らせてください。

6) <u>Fragen</u> [fʁaːgŋ] Sie den Lehrer.　　先生に尋ねてください。

7) <u>Fahren</u> [faːɐn] Sie langsam.　　ゆっくり運転してください。

8) <u>Gehen</u> [geːn] Sie hier geradeaus.　　ここをまっすぐ行ってください。

170 🎧 3 同じ子音連続（重子音）の一方の脱落

同じ子音が続くと、片方が省略されます。[ ] のように発音しましょう。

1) Auf<u>f</u>ührung [aʊfyːʁʊŋ]　　上演

2) am <u>m</u>eisten [amaɪstn]　　最も多くの

3) am <u>M</u>ittwoch [amɪtvɔx]　　水曜日に

4) vol<u>l l</u>aden [fɔlaːdn]　　一杯に載せる

5) Wa<u>nn n</u>ehmen [neːmn] → [neːmm] → [neːm] Sie Frühstück?
あなたはいつ朝食をとりますか？

6) Wo <u>wohnen</u> [voːnn] → [voːn] Sie?　　どこに住んでいますか？

7) Woher <u>kommen</u> [kɔmn] → [kɔmm] → [kɔm] Sie?　出身はどこですか？

4 [p] [t] [k] の無開放

子音連続中または語末の [t] [k] では、舌を [t] [k] の位置においたまま破裂さ
せません。これを無開放と言います。発音記号は [̚] を使います。同様に両
唇を閉じたままにすると [p] の無開放音 [p ̚] になります。[p] [t] [k] のすぐ後
に子音がくるために破裂する時間がないことが原因の一つです。1）～ 4）に
は [t] の無開放の語、5）～ 10）では速く発音したり、〈t / d〉が重なったり、〈s〉
が前後にあるため [t] が省かれています。次の [t] を音声に続いて 1）～ 4）は
無開放に、5）～ 10）は脱落させて発音しましょう。

1) Entschuldigung [ɛntʃʊldɪgʊŋ]　すみません

2) hoffentlich [hɔfənt ̚lɪç]　…だといいのだが

3) Textstelle [tɛkst ̚ʃtɛlə]　テキストの箇所

4) Und? [ʊnt ̚]　そして？

5) Entschuldigen Sie!　すみません。

6) Was hältst du davon?　どう思う？

7) Das ist sehr weit.　それはとても遠い。

8) Hast du heute Zeit?　今日時間がある？

9) Sind Sie noch da?　まだいますか？

10) Gefällt dir das?　気に入った？

次の文章をアクセント（強勢）、文末イントネーション、音声変化を反映さ
せた形で音声に続いて発音しましょう。

・ . や＿がついている語アクセント（強勢）は強めに発音します。
・イタリックになっているところは弱音節です。軽め・速めに発音します。
・矢印は文アクセントから句末・文末にかけての高さの変化です。

Herzlichen Glückwünsch zum Geburtstag! ↘　お誕生日おめでとう。

　[n]に　[k ̚]に　　　　　　[k ̚]に

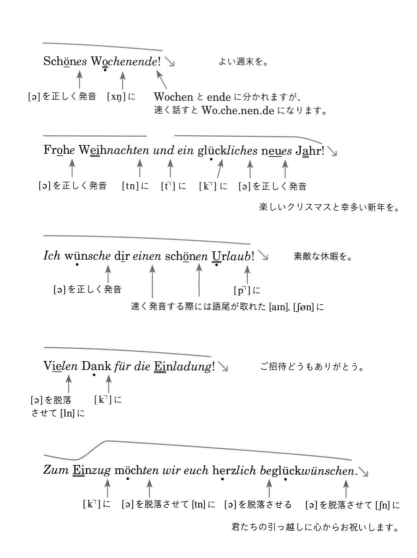

Schönes Wochenende! ↘   よい週末を。

[ə]を正しく発音 [xŋ]に   Wochen と ende に分かれますが、
速く話すと Wo.che.nen.de になります。

Frohe Weihnachten und ein glückliches neues Jahr! ↘

[ə]を正しく発音   [tn]に   [tˀ]に   [kˀ]に   [ə]を正しく発音

楽しいクリスマスと幸多い新年を。

Ich wünsche dir einen schönen Urlaub! ↘   素敵な休暇を。

[ə]を正しく発音   [pˀ]に

速く発音する際には語尾が取れた [aɪn], [ʃøn]に

Vielen Dank für die Einladung! ↘   ご招待どうもありがとう。

[ə]を脱落   [kˀ]に
させて [ln]に

Zum Einzug möchten wir euch herzlich beglückwünschen. ↘

[kˀ]に   [ə]を脱落させて [tn]に   [ə]を脱落させる   [ə]を脱落させて [ʃn]に

君たちの引っ越しに心からお祝いします。

173 🎧 Julia の自己紹介です。文アクセントや文末イントネーションに注意しながら
音声に合わせて発音しましょう。

Guten Tag! ↘
[guːtn taːkˀ]

88

Mein Name ist Julia Wagner. ↘
[maɪnaːmə ɪstˀ]

Ich bin zweiundzwanzig Jahre alt →
[tˀ]   [tˀ]

und studiere Politologie an der Universität Heidelberg. ↘
[ʊntˀ]   [tˀ] [haɪdlbɛʁkˀ]   最後の名詞
Heidelberg
に文アクセント

Ich komme aus Frankfurt →
[fʁankˀfʊʁtˀ]

und wohne in einer WG hier in Heidelberg. ↘   Heidelberg は既知情報のため
WG に文アクセント
[ʊntˀ]   [haɪdlbɛʁkˀ]

Ich habe letztes Jahr ein Auslandsstudium in Japan gemacht. ↘
[aʊslantsʃtuːdiʊm]   [gmaxtˀ]

Die japanische Kultur, → Gesellschaft →
[gzlʃaftˀ]

und Sprache interessierten mich sehr. ↘
[tˀ]   [tn]

Ich habe viele Erfahrungen und Erkenntnisse gesammelt, →
[gn]   [tˀ]   [tˀ]   [gzamltˀ]

und bin zufrieden mit dem Aufenthalt. ↘   Aufenthalt は既出のことなので
zufrieden に文アクセント
[tˀ]   [dn] [mɪdem] [aʊfnfaltˀ]

発音チェックシート

次のチェック項目にチェックを入れましょう。

十分できる＝A　ある程度できる＝B　まだ不十分＝C

	A	B	C
1）語アクセント（強勢）を正しい位置に置いて発音できる	□	□	□
2）文をリズムグループに分けて発音することができる	□	□	□
3）リズムグループのアクセント（強勢）が正しく置ける	□	□	□
4）文アクセントを正しい位置に置ける	□	□	□
5）焦点アクセントを正しい位置に置ける	□	□	□
6）文末イントネーションが正しく発音できる	□	□	□
7）感情のイントネーションを正しく発音できる	□	□	□
8）語尾の〈-en〉の〈e〉を省略し、その後 [m] や [ŋ] に同化して発音できる	□	□	□
9）同じ子音連続の片方を脱落して発音できる	□	□	□
10）子音連続中または語末の [p] [t] [k] を無開放で発音できる	□	□	□

理論編

　【理論編】ではドイツ語の発音に関わる音声学・音韻論の分野を概観します。すでに【本編】ではドイツ語発音の実践に必要な理論が説明されていますが、【本編】で扱われなかった項目や補足が必要な事柄などを含め、ドイツ語発音の全体を網羅するためにまとめ直しています。ドイツ語の発音を理論面から補強しています。

　正しく伝わる発音を実践するには、その背景にある理論が理解できてはじめて完全なものになります。【準備編】や【本編】で例語や会話などを使って文字の読み方や発音の仕方を練習していますが、【理論編】の理論的枠組みを通して知識面からも補い、理解を完全なものにしてください。

言語音は母音（Vokal）と子音（Konsonanten）に大別されます。母音は、声（有声音）を伴う呼気が口の中のどこにも極端な狭めや閉鎖などによる妨げを受けずに発せられる音です。母音は、口の中の空間の大きさを変えることで [a], [i] などの異なった共鳴を作り出します [図 1]。

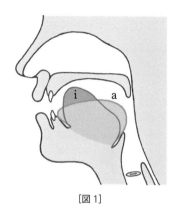

[図 1]

[図 1、2] のように [i] と [u] を発音するときの舌は、上あごに近いところにあるために口の中の空間は狭いですが、[a] の舌は低いところにあり、口の中の空間が広く取られています。また [i] と [u] の違いは、[i] では舌全体が前寄りにあるか、[u] のように舌が奥に引っ込んでいるかによるものです。[u] では唇を丸めて突き出すことで日本語の「ウ」より空間が広がります。このように口腔内の形状を変えていろいろな母音を作り出します。

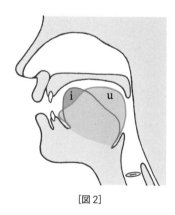

[図 2]

[図3]は口の中の母音空間を図式化したものです。[図4]は[図3]を拡大した**母音図**（Vokaltrapez）です。

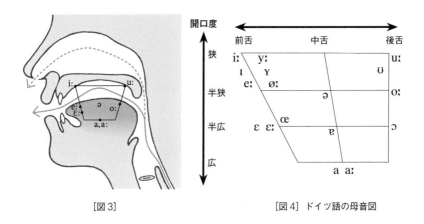

[図3]

[図4] ドイツ語の母音図

母音を区別するには次の3つの基準が必要です。

1) 舌の高低

舌の最も高いところが上がっているか下がっているか。口やあごの開きとも連動します。[i]や[u]では舌が上がっていますが、[a]では舌が下がっています。

2) 舌の前後

舌の最も高いところが前の方にあるか、奥の方にあるか。[i]では舌先が前の方で一番高くなっています。[u]では舌先が下がり、舌全体が奥の方で盛り上がっています。

3) 円唇性の有無

唇が丸くなっているか平らになっているか。唇が丸くなるだけでなく〈ü〉や〈u〉のように唇を突き出すこともあります。

[図4]の母音図の縦軸は**舌の高低**、横軸は**舌の前後**を表します。3本の縦線の左側は唇の丸めを伴わない**非円唇母音**、右側は唇の丸めを伴う**円唇母音**です。例えば左端の [iː]（〈i〉）は唇の丸めを伴わない**非円唇母音**、縦線を挟んで右側の [yː]（〈ü〉）は、唇の丸めを伴う**円唇母音**です。

1) 舌の高低（母音図の縦軸）

舌の最高部が高い位置にあれば口の中の空間が狭い**狭母音**です。舌が低い位置にあれば口の中の空間が広い**広母音**です。狭い方から広い方に向かって**狭母音**、**半狭母音**、**半広母音**、**広母音**の順に口腔内の縦の空間が広がります。

狭母音	[iː] [yː] [uː] [ɪ] [ʏ] [ʊ]
	（[ɪ] [ʏ] [ʊ] は、厳密には広めの狭母音）
半狭母音	[eː] [øː] [oː]
半広母音	[ɛ] [œ] [ɔ]
広母音	[aː] [ɐ]　（[ɐ] は、厳密には狭めの広母音）

＊狭母音、広母音などの口の空間による分類は IPA によるもので、本書でも使用します。
　他に舌の高さによる分類（高母音、中高母音、中低母音、低母音）があります。

2) 舌の前後（母音図の横軸）

舌の最高部の盛り上がりが前の方にある母音は**前舌母音**、舌の盛り上がりが奥の方にあれば**後舌母音**です。舌がまん中あたりにある母音を**中舌母音**といいます。

前舌母音	[iː] [eː] [ɛ] [yː] [ʏ] [øː] [œ]
後舌母音	[uː] [ʊ] [oː] [ɔ]
中舌母音	[ə] [ɐ] [aː]

3) 円唇性の有無

唇を丸める母音を**円唇母音**、唇を丸めない母音を**非円唇母音**といいます。

円唇母音	[oː] [ɔ] [uː] [ʊ] [yː] [ʏ] [øː] [œ]
非円唇母音	[ɐ] [iː] [ɪ] [eː] [ɛ] [ɜː] [a] [aː] [ə] [ɐ]

唇の丸めの程度は下の図で示されます。i では唇の両端が横に引っ張られて
います。a では唇の口角はもどり、o ö では唇が丸まり、u ü が最も唇を丸
めていますが、同時に突き出します。

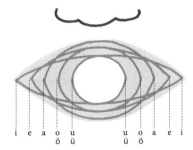

i e a o u　　u o a e i
　ö ü　　　　　ü ö

[図5] 唇のイラスト（Kaunzner, S.16 をもとに作成）

音素 Phonem と音 Phon

　〈Land〉/lant/ と 〈Sand〉/zant/ の違いは語頭の /l/ と /z/ の違いです。/l/ と /z/ の音
を入れ替えると〈Land〉「国」は〈Sand〉「砂」になり、意味が変わります。このよう
に語の意味を区別する働きをする最小の音韻単位を音素といい、/ / で囲みます。音素は、
それぞれの言語で使われる数と種類が決まっています。ドイツ語の 〈Land〉/lant/ と
〈Rand〉/rant/ の /l/ と /r/ は、意味を区別する２つの音素ですが、日本語には /r/ しか
ありません。このように音素は、それぞれの言語の音韻体系に組み入れられている音韻
論の単位です。
　音素は音韻体系の中で捉えられる抽象的な単位ですが、具体的な音声は音です。音は、
連続する音声を分解して得られる音声学の最小単位です。国際音声学協会が定めた IPA
（国際音声記号）が使われ、[ ] で囲みます。１音素に複数の音を含むことができます。
例えばドイツ語の音素 /r/ には [r], [ʀ], [ʁ] という３種類の音があり、[raːt], [ʀaːt], [ʁaːt]
のどれを使っても〈Rad〉の意味になります。また、はっきりと 〈da〉[daː] と言っても
あまり口を開けないで [daˑ] と言っても相手に /da/ の意味に通じるのは、[d] や [a] がそ
の言語の /d/ と /a/ の音素のカテゴリー内にあり、別の音に取り違えられるまで他の音
韻領域に達していないからです。音の厳密な違いはあっても /a/ の範囲にある音韻領域
であれば /a/ と判断されます。音素の音韻領域は言語により異なっているため、ドイツ
語の３種類の 〈e〉（[e], [ɛ], [ə]）を日本語に１つしかない /e/ に置き換えて使うと意味を
取り違えられたり違和感を持たれたりすることがあります。
　なお、細かい音の違いは、IPA の補助記号 (Diakritika) をつけて示すことができます。例
えば〈Kissen〉の〈i〉は軟口蓋音の [k] に引っ張られて少し後ろ寄りで発音します。した
がって [ɪ] には後ろ寄りの補助記号 [‗] をつけ、[kɪ̠sən] とするのが厳密な表記です（厳密表記）。

95

長母音と短母音、緊張母音と弛緩母音 ////////////////////////////

ドイツ語の母音は、長母音・短母音の音長を区別するほか、緊張母音・弛緩
母音の音質を区別します。緊張母音は、舌や唇などの調音器官が緊張し、張
りを伴って発音されます。弛緩母音は、調音器官の緊張（張り）の度合いが
緩められます。

音長と音質のうち、知覚する上で重要なのは音質です。Miete [miːtə] の緊張
母音 [iː] を短くしても緊張母音 [i] が使われている限りは Miete の意味に通
じます。速く発音する際には、のばす時間が足りないため短くした [i] が使
われることがあります。

例外は 〈a〉 [aː], [a] と 〈ä〉 [ɛː], [ɛ] です。**長母音・短母音とも弛緩母音です。**
音長は区別しますが音質は区別しません。したがって Aal [aːl]（ウナギ）と
all [al]（すべての）のように母音の長短が意味を区別します。

文字	緊張母音・長母音	弛緩母音・短母音
i	[iː]	[ɪ]
e	[eː]	[ɛ]
u	[uː]	[ʊ]
o	[oː]	[ɔ]
ö	[øː]	[œ]
ü	[yː]	[ʏ]

177 🎧

文字	弛緩母音・長母音	弛緩母音・短母音
a	[aː]	[a]
ä	[ɛː]	[ɛ]

178 🎧

緊張母音（[図 6] の紫色の矢印）と弛緩母音（[図 6] の点線の矢印）を母
音図で比べると、緊張母音は、口のまん中で発音される [ə] より離れていま
すが、弛緩母音は [ə] に近い位置にあります。〈i〉を例にとると、[ə] より離
れている紫色の矢印の [iː] が緊張母音、それより [ə] に近い点線の矢印 [ɪ] が
弛緩母音です。

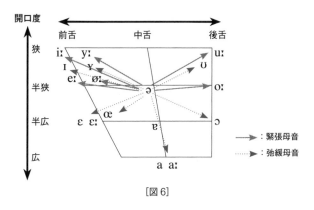

[図 6]

なお、アクセント（強勢）のない母音は、**短母音・弛緩母音**を原則とします。ただし外来語では、アクセント（強勢）のない**短母音**に**緊張母音**が使われることがあります。

179 Tomate [tomaːtə]　　Euro [ɔɪʁo]　　Physik [fyziːk]

180 **II 二重母音** //

ドイツ語には 3 つの二重母音があります。[aʊ] [aɪ] [ɔɪ] です。[aʊ] は [ao] [aɔ]、[aɪ] は [ae] [aɛ]、[ɔɪ] は [ɔy] [ɔe] [ɔø] [ɔœ] [ɔy] とも表記されることがありますが、本書では IPA の発音記号 [aʊ] [aɪ] [ɔɪ] を使います。いずれも最初の母音から 2 番目の母音に滑らかに移行し、2 番目の母音は軽く発音する**半母音**や**わたり音**と呼ばれているものです。

二重母音は 1 つの音節とみなされ、母音の間に音節の区切りはありません。それに対し、2 つの連続する母音を別々の音とする場合や日本語の**連母音**（母音連続）では、母音間に音節の切れ目があります。

連母音（母音連続）　naiv [naˈiːf]　素朴な　アイス [a.i.su]
二重母音　　　　　　nein [naɪn]　いいえ　Eis [aɪs]　アイス

97

Ⅲ　ドイツ語と日本語の母音の分布 /////////////////////////////////

　ドイツ語の母音数は日本語の5母音より多いため、ドイツ語で2つの異なる [iː] [ɪ] は、日本人学習者に2つとも「イ」として認識されてしまう傾向があります。他の母音も同様です。日本語の「エ」の空間はドイツ語の [eː], [ɛ], [ə] に分けられ、ときに [eː] は日本語の「エ」を越えて「イ」の範疇に捉えられてしまうことがあります。sehen [zeːən] の [eː] を [iː] と聞き取ってしまうことは、耳の良い日本人学習者によくみられる傾向です。また、ドイツ語の変母音〈ä〉,〈ö〉,〈ü〉のうち〈ö〉,〈ü〉は日本語にない円唇を伴った前舌母音です。日本語の「ウ」は、ドイツ語の [uː] より舌が前寄りにあるため、日本人が Bruder と発音したつもりでも日本語の「ウ」を使ったために舌の位置が前の方にある〈ü〉[yː] と理解され、Brüder と誤解されてしまうことも実際にありました。このように日本語の5母音の空間をドイツ語の母音17個に対応させるためには、舌の位置を細かく分けてドイツ語の母音体系に合わせる必要があります。

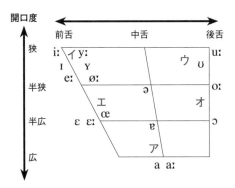

[図7]

IV ドイツ語文字と音声記号、発音の仕方 /////////////////

文字	発音記号	発音の仕方
A/a	[aː] [a]	長母音 [aː] と短母音 [a] は同じ弛緩母音 [a] です。日本語の「ア」より口を大きく開けて開口度を十分に取ります。
Aa/aa	[aː]	長母音 [aː]
Ah/ah	[aː]	長母音 [aː]
Ä/ä	[ɛː] [ɛ]	長母音 [ɛː] と短母音 [ɛ] は弛緩母音です。[ɛ] は、日本語の「エ」より口を少し縦に広げて発音します。
Äh/äh	[ɛː]	長母音 [ɛː]
Ai/ai	[aɪ]	二重母音です。2つの母音で1つの音節として発音します。[a] をしっかり発音し、[ɪ] を添えるようにします。文字 〈ei〉〈ay〉〈ey〉も同じ音です。
Au/au	[aʊ]	二重母音です。2つの母音で1つの音節として発音します。[a] をしっかり発音し、[ʊ] を添えるようにします。
Äu/äu	[ɔɪ]	二重母音です。2つの母音で1つの音節として発音します。[ɔ] をしっかり発音し、[ɪ] を添えるようにします。文字 〈eu〉も同じ音です。
Ay/ay	[aɪ]	二重母音です。2つの母音で1つの音節として発音します。[a] をしっかり発音し、[ɪ] を添えるようにします。名前や地名によく使われます。〈ai〉〈ei〉〈ey〉も同じ音です。
E/e	[eː] [ɛ]	長母音・緊張母音 [eː] と短母音・弛緩母音 [ɛ] があります。[eː] は、日本語の「エ」より舌を「イ」に向かって少し上げます。[ɛ] は、日本語の「エ」より口を少し縦に広げて発音します。[ɛ] は、Ä/ä と同じ音です。
-e-	[ə]	語末・音節末の 〈e〉、接頭辞 〈be-〉〈ge-〉の 〈e〉に現れます。あいまい母音・シュワー音と呼ばれます。口を半開きにし、力を入れずに声を出すとこの音になります。[ə] にアクセント（強勢）はありません。
ee	[eː]	長母音・緊張母音です。[eː] は、日本語の「エ」より舌を「イ」に向かって少し上げます。

文字	発音記号	発音の仕方
Eh/eh	[eː]	長母音・緊張母音です。[eː] は、日本語の「エ」より舌を「イ」に向かって少し上げます。
Ei/ei	[aɪ]	二重母音です。2 つの母音で 1 つの音節として発音します。[a] をしっかり発音し、[ɪ] を添えるようにします。⟨ai⟩⟨ay⟩⟨ey⟩ も同じ音です。
-er, -r	[ɐ]	語末・音節末に現れます。あいまい母音・シュワー音 [ə] より口を少し縦に開けて発音します。さらに開けると [a] になりますので、[ə] と [a] の中間程度に開けます。
Eu/eu	[ɔɪ]	二重母音です。2 つの母音で 1 つの音節として発音します。[ɔ] をしっかり発音し、[ɪ] を添えるようにします。⟨äu⟩ も同じ音です。
Ey/ey	[aɪ]	二重母音です。2 つの母音で 1 つの音節として発音します。[a] をしっかり発音し、[ɪ] を添えるようにします。名前や地名によく使われます。⟨ai⟩⟨ay⟩⟨ei⟩ も同じ音です。
I/i	[iː] [ɪ]	長母音・緊張母音 [iː] と短母音・弛緩母音 [ɪ] があります。[iː] では、唇を横に引いて口角を上げ、日本語の「イ」より舌を上あごに接近させます。[ɪ] では [i] よりも少し口を開き、短く発音します。
Ie/ie	[iː] [ɪə]	アクセント（強勢）があれば長母音・緊張母音 [iː]、アクセント（強勢）がなければ [ɪə] と発音します。外来語では [iɛ] と発音することもあります（Biennale [biɛnaːlə]）。
Ih/ih	[iː]	長母音・緊張母音です。
Ieh/ieh	[iː]	長母音・緊張母音です。唇を横に引いて口角を上げ、日本語の「イ」より舌を上あごに接近させます。
O/o	[oː] [ɔ]	長母音・緊張母音 [oː] と短母音・弛緩母音 [ɔ] があります。[oː] は日本語の「オ」より唇を丸めます。[ɔ] は [oː] より唇や舌を少し緩め、唇も少し縦に開きます。
Oo/oo	[oː]	長母音・緊張母音です。
Oh/oh	[oː]	長母音・緊張母音です。日本語の「オ」より唇を丸めます。

文字	発音記号	発音の仕方
Ö/ö	[øː] [œ]	長母音・緊張母音 [øː] と短母音・弛緩母音 [œ] があります。[øː] を発音するには、[eː] と言いながら唇を丸めていきます。舌は [eː] のまま唇は丸まっています。[œ] では [øː] より唇や舌の緊張を解き、短く発音します。舌は [ɛ] にしたまま唇の丸めは [øː] より弱くします。
Öh/öh	[øː]	長母音・緊張母音です。[eː] と言いながら唇を丸めていきます。舌は [eː] のまま唇は丸まっています。
U/u	[uː] [ʊ]	長母音・緊張母音 [uː] と短母音・弛緩母音 [ʊ] があります。[uː] を発音するには、唇を丸めて突き出します。舌先を下げて舌全体を奥に引きます。[ʊ] では [uː] より唇や舌の緊張を緩め、唇の突き出し加減も弱くして短く発音します。
Uh/uh	[uː]	長母音・緊張母音です。唇を丸めて突き出します。
Ü/ü	[yː] [ʏ]	長母音・緊張母音 [yː] と短母音・弛緩母音 [ʏ] があります。[yː] を発音するには [iː] と言いながら唇を丸めて突き出します。舌は [iː] のまま唇は丸めて突き出しています。[ʏ] では [yː] より唇や舌の緊張を解き、短く発音します。舌は [ɪ] にしたまま唇の丸めと突き出しは [yː] より弱めます。
Üh/üh	[yː] [ʏ]	長母音・緊張母音です。[iː] と言いながら唇を丸めて突き出します。
Y/y	[yː] [ʏ]	長母音・緊張母音 [yː] と短母音・弛緩母音 [ʏ] があります。〈Ü/ü〉と同じ音です。

Ⅴ 母音の文字と音の対応表 ///

[ː] は長音を表す

文字	長母音（緊張母音）			文字	短母音（弛緩母音）		
a	[aː]	B**a**d [baːt]	風呂	a	[a]	B**a**nk [baŋk]	銀行、ベンチ
aa		St**aa**t [ʃtaːt]	国家				
ah		B**ah**n [baːn]	電車				

182

101

文字	長母音（緊張母音）			文字	短母音（弛緩母音）		
i	[i:]	Kino [ki:no]	映画館	i	[ɪ]	Bild [bɪlt]	絵
ie		sie [zi:]	彼女は・を				
ih		ihn [i:n]	彼を				
ieh		ziehen [tsi:ən]	引く				
u	[u:]	gut [gu:t]	良い	u	[ʊ]	Bus [bʊs]	バス
uh		Schuh [ʃu:]	靴				
o	[o:]	schon [ʃo:n]	すでに	o	[o]	Ost [ɔst]	東
oo		Boot [bo:t]	ボート				
oh		Sohn [zo:n]	息子				
e	[e:]	Leben [le:bən]	生活	e	[ɛ]	Bett [bɛt]	ベッド
ee		See [ze:]	湖、海				
eh		zehn [tse:n]	10				
				e	[ə]	Ehe [e:ə]	結婚
ä	[ɛ:]	Bär [bɛ:ɐ]	クマ	ä	[ɛ]	Kälte [kɛltə]	寒さ
äh		Nähe [nɛ:ə]	近さ				
ö	[ø:]	Möbel [mø:bəl] 家具		ö	[œ]	können [kœnən] 出来る	
öh		Söhne [zø:nə] 息子 (pl)					
ü	[y:]	grün [gʁy:n]	緑の	ü	[ʏ]	müssen [mʏsən] …ねばならない	
üh		Bühne [by:nə]	舞台				
y		Typ [ty:p]	タイプ	y		System [zʏste:m] システム	
				-er	[ɐ]	Butter [bʊtɐ] バター	
				-r	[ɐ]	Bier [bi:ɐ]	ビール

ei, ai	[aɪ]	E̲i̲s [aɪs] アイスクリーム	M̲a̲i [maɪ] 5月
ay, ey		B̲a̲y̲ern [baɪɐn] バイエルン	M̲e̲y̲er [maɪɐ] マイヤー（名前）
au	[aʊ]	B̲a̲u̲m [baʊm] 木	H̲a̲u̲s [haʊs] 家
eu, äu	[ɔɪ]	n̲e̲u̲ [nɔɪ] 新しい	h̲e̲u̲te [hɔɪtə] 今日
		B̲ä̲u̲me [bɔɪmə] 木々	K̲ä̲u̲fer [kɔɪfɐ] 購入者
ie	[iː]	B̲i̲e̲r [biːɐ] ビール	v̲i̲e̲l [fiːl] 多くの
	[iə] アクセントが ない場合	Fam̲i̲l̲ie [famiːliə] 家族	F̲e̲rien [feːʁiən] 休暇

子　音

子音は、声道のどこかが狭められたり閉鎖されたりして呼気が何らかの妨げを受けた音です。声道とは、言語音を生成するために使われる呼気の通り道のことです。声道は口の中の口腔、その奥の咽頭腔、鼻音の反響を作り出す鼻腔、有声音を作り出す声帯のある喉頭腔の4つに大きく分けられます。日本語やドイツ語には咽頭腔を使った音はありません。

肺から送り出される呼気には口腔と鼻腔という2つの出口があります。出口を調整するのは口蓋帆(軟口蓋と口蓋垂の部分)です。口蓋帆を下げて呼気を鼻腔に通せば鼻音になります [図8a]。鼻から息を吸ったり吐いたりしているときも下がっています。母音や子音を発音するには、口蓋帆を持ち上げて鼻腔への通り道を遮断し、口腔を通して口音にします [図8b]。

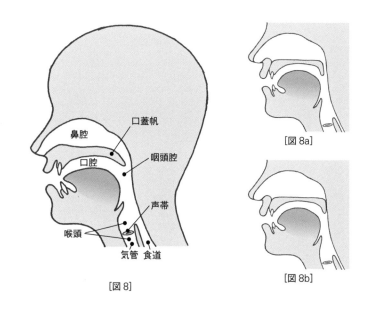

[図8]

[図8a]

[図8b]

子音の分類には次の3つの基準を組み合わせます。

1) 調音位置（調音点）	声道の中で呼気が妨げられるところ
2) 調音法	声道の中で呼気に妨げが起きる方法
3) 有無・無声の区別	声帯の振動を伴うか伴わないか（声が出ているかそうでないか）

Ⅰ 調音位置 ///

調音器官を使って呼気の妨げを作り出すところを調音位置といいます。調音点とも呼ばれます。調音器官には次のものがあります。

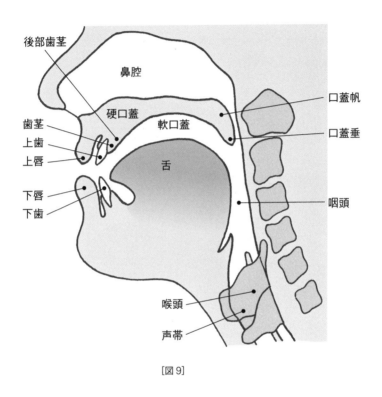

[図9]

口腔内の上あごにある調音器官を受動調音器官（passive Artikulatoren）または上位調音器官（obere Artikulatoren）といいます。上唇から上歯のすぐ後ろにある歯茎、歯茎の後半の少し盛り上がった部分に後部歯茎、後部歯茎から後ろの硬いところに硬口蓋、さらに後ろの柔らかいところに軟口蓋、軟口蓋の先には口蓋垂が下がっています。軟口蓋と口蓋垂はまとめて口蓋帆といい、多少動きます。それ以外の調音器官はほとんど動きません。

舌と唇は動くため、能動調音器官（aktive Artikulatoren）または下位調音器官（untere Artikulatoren）に入ります。舌は受動調音器官に接して狭めや閉鎖を作ります。

舌の先端を舌尖、舌尖のすぐ後ろの薄い部分を舌端といいます。舌尖と舌端を合わせて舌先といいます。舌端から舌の根に当たる舌根までの前半部分を前舌、後半部分を後舌といいます。

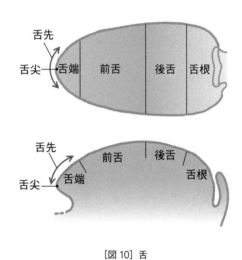

[図10] 舌

舌が接触する能動（下位）調音器官の最後に「〜音」とつけてその調音位置で作られ音を示します。例えば [t] は、舌先を歯茎に当てて作るため歯茎音です。舌以外にも [p] [b] などでは、両方の唇を閉じて発音するので両唇音といい、上歯と下唇で作る唇歯音 [f] [v] があります。

調音位置（調音点）	受動（上位）調音器官と 能動（下位）調音器官	音
① 両唇音（りょうしんいん）	上唇と下唇	[p][b][m]
② 唇歯音（しんしおん）	上歯と下唇	[f][v]
③ 歯茎音（しけいおん）	歯茎と舌尖、舌端	[t][d][s][z][n][l]
④ 後部歯茎音（こうぶしけいおん）	歯茎の後部と舌端	[ʃ][ʒ]
⑤ 硬口蓋音（こうこうがいおん）	硬口蓋と前舌	[ç][j]
⑥ 軟口蓋音（なんこうがいおん）	軟口蓋と後舌	[k][g][x][ŋ]
⑦ 口蓋垂音（こうがいすいおん）	口蓋垂と後舌	[ʁ]
⑧ 声門音（せいもんおん）	声門の閉鎖	[ʔ]

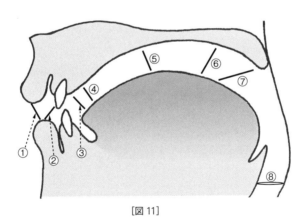

[図 11]

107

II 調音法 //

同じ調音器官を使って閉鎖したり狭めたりなど呼気の妨害の仕方を変えると
異なった音が作り出されます。呼気の妨害の仕方（方法）を調音法といいます。
調音法には次のものがあります。

1) 破裂音_{はれつおん}、閉鎖音 Plosive, Verschlusslaute

破裂音を作るには、

①口の中の一部を閉じ、②呼気を一時的に止めてためておき、その後、
③閉鎖を開放して呼気を流します。（134 頁参照）

閉鎖を一気に開放して破裂したような音を出すため破裂音と呼ばれます
が、破裂させないで①と②の閉鎖で終わる場合もあり、閉鎖に着目して
閉鎖音とも呼ばれます。

184
🎧

ドイツ語にも日本語にも両唇をいったん閉じて息の通り道を塞ぎ、その
後両唇を開けて一気に呼気を流す [p] [b]、舌先と歯茎を使う [t] [d]、軟
口蓋と後舌の [k] [g] の破裂音があります。[ʔ] は日本語にない声門破裂音
です。アクセント（強勢）のある母音で始まる語・音節の直前に現れます。
声門を一度閉じて発音しますが、多くは破裂させないため破裂する音は
聞こえません。

    Apfel [ʔapfəl]　リンゴ　　　　Theater [teʔaːtɐ]　劇場

近年では 1 語中の音節の区切りにアクセント（強勢）のある母音が現れ
る場合に（be|achten など）声門破裂音 [ʔ] は使わずに母音間を離して発
音するとされています。声門破裂音は、対応する文字がなく、意味を担
う単位でもありません。
破裂音には有声音 [b] [d] [g] と無声音 [p] [t] [k] [ʔ] があります。

108

2) 摩擦音 Frikative, Reibelaute

調音器官を接近させて狭めをつくり、呼気が通るときに息が漏れるような擦れた音を出します。摩擦音は、息が続く限りのばすことができる音です。有声音 [v] [z] [ʒ] [ʁ] と無声音 [f] [s] [ʃ] [ç] [x] があります。

3) 破擦音 Affrikaten, Verschlussreibelaute

破裂音と摩擦音がほとんど同時に発音される音です。2 つの音の調音位置は同じところか近いところにあります。破裂音と同様に、①口の中で閉鎖を作り、②閉鎖させたままの状態を保ちます。その後③摩擦音を発するために狭く開けて息を開放します。

破擦音の摩擦音と破裂音は別々の音ではなく、1 つの単位とみなされます。ドイツ語には 3 つの破擦音 [pf] [ts] [tʃ] があります。ドイツ語の破擦音は無声音です。

4) 鼻音 Nasale

口から息が出ないように口の中の両唇、歯茎または軟口蓋をしっかり閉じ、軟口蓋と口蓋垂（＝口蓋帆）を下げて呼気が鼻腔から流れ出るようにします。両唇を閉じて鼻から息を出す [m]、歯茎を舌先で閉じる [n]、軟口蓋を後舌で閉じる [ŋ] があります。鼻音はすべて有声音です。

5) 震え音・顫動音 Vibranten, Zitterlaute

調音器官を 2 回以上震わせて出す音です。ドイツ語には、歯茎に舌先を何回か当てる震え音の [r] と、口蓋垂を後舌に何回か当てる震え音の [ʀ] があります。標準ドイツ語発音の〈r〉は、摩擦音の [ʁ] を使います。震え音は有声音です。

6) 接近音 Approximanten

口の中で狭めを作りますが、摩擦を起こすほど狭くなく、母音ほど広くありません。日本語のヤ行にみられる子音部分が接近音の [j] です。もう少し狭めると摩擦音の [ç] になり、[j] より広げると母音 [i] になります。〈ich〉は、したがって [j] と同じ調音位置で発音され、〈i〉の母音から〈ch〉

の摩擦音に向けて狭めます。〈i〉と〈ch〉の間にあるのが [j] です。接近音の [j] は有声音です。

7) 側面接近音 Laterale Approximanten
<ruby>側面接近音<rt>そくめんせっきんおん</rt></ruby>

舌先を広げて歯茎にしっかり当て、舌の両側から呼気を出す音が [l] です。摩擦音にならない程度に舌の両側を広く開けます。**側面接近音は有声音**です。

破裂音と摩擦音、破擦音をまとめて**阻害音**（Obstruenten）といいます。阻害音には有声音と無声音があります。それ以外の**母音**（Vokale）、**鼻音**（Nasale）、**接近音**（Approximanten）を**共鳴音**（Sonoranten）と呼びます。語末・音節末で無声化するのは、有声音と無声音の両方がある**阻害音**です。共鳴音はこのような無声化の対象になりません。**共鳴音はすべて有声音**です。

Ⅲ 有声音と無声音 //

有声音と無声音の区別は喉頭の中にある**声帯**を振動させるかさせないかに関係します。声帯が振動しているかどうかを確かめるには**のどぼとけ**に手を当て、「あー」と言います。手に振動が伝わると有声音です。「ささやき声」で「あー」と言っても無声音のため何も感じません。

声帯は 2 枚の筋肉でできた**ひだ**です。声帯は披裂軟骨につながり、披裂軟骨が回転して動くことにより声帯の間の空間（**声門**）を調整します。呼吸をするときの声帯は開き、声門から呼気と吸気が通ります（右図 a）。無声音の場合も同様です。声帯を一度閉じ、肺からの呼気を使って声帯を開いたり閉じたりを規則的に繰り返すと有声音になります（右図 b）。声帯を閉じ、披裂軟骨の間を開けたまま話すと無声音のささやき声になります（右図 c）。

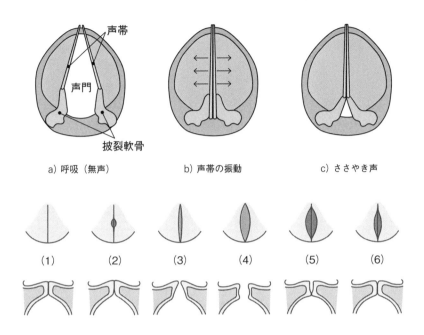

a) 呼吸（無声）　　　　b) 声帯の振動　　　　c) ささやき声

（1）　　　（2）　　　（3）　　　（4）　　　（5）　　　（6）

上の段は声帯を上から見た図です。下の段は、声帯を横から見た図です。

（1）声帯が完全に閉じている状態です。

（2）声帯の下から呼気が上がり、その圧力で声帯が広がり始めます。

（3）呼気の気流が声帯を押し広げ、（4）声帯が完全に分かれます。呼気の気流が通ったあとは、声帯の間の気圧が低くなり、（5）のように下から声帯が閉じ始め、（6）でほぼ閉じ、（1）の完全に閉じられた状態に戻ります。この間が1サイクルです。ちなみに日本人男性の声は1秒間に100回〜150回振動し（100〜150Hz）、女性は250回〜300回振動する（250〜300Hz）とされています。女性の声の方が声帯が短いために高い音になります。

下の表はドイツ語と日本語で使われる子音です。子音表の各セルの左側は無声音、右側は有声音です。したがって、共鳴音はセルの右側にしかありません。

	両唇音	唇歯音	歯茎音	後部歯茎音	歯茎硬口蓋音	硬口蓋音	軟口蓋音	口蓋垂音	声門音
破裂音	p　b		t　d				k　g		ʔ
鼻音	m		n			ɲ	ŋ	ɴ	
ふるえ音			(r)					(ʀ)	
たたき音・はじき音			ɾ						
摩擦音	ɸ	f　v	s　z	ʃ　ʒ	ç　z	ç	x	ʁ	h
接近音						j	w		
側面接近音			l						

この表は、縦軸に調音法、横軸に調音位置（調音点）が分類されています。

・**表の横軸**：調音位置（調音点）

　　表の左から右へは、唇から奥に向かって声門まで分類されています。

・**表の縦軸**：調音法

　　呼気がどのように妨げられるかが示されています。

※ドイツ語と日本語の IPA 国際音声記号の表です。**黒字**は、日独両言語にある音です。灰色の字はドイツ語にしかない音、赤字は日本語にしかない音を表します。

Ⅳ ドイツ語文字と音声記号、発音の仕方 ////////////////////////////

文字	発音記号	発音の仕方
B/b	[b]	日本語のバ行の子音部分に当たります。
-b	[p]	語末・音節末では無声音の [p] になります。
Ch/ch	[x] [ç]	[x] は 〈a〉、後舌母音 〈o〉〈u〉、二重母音 〈au〉 の後に現れます。[ç] はそれ以外の母音：前舌母音 〈i〉〈e〉〈ä〉〈ö〉〈ü〉と二重母音 〈ei〉〈ai〉〈eu〉〈äu〉の後、子音 〈l, m, n〉の直後、語頭に現れます。 [ç] と [x] は、同一の音素が位置により異なる音として現れる条件異音 kombinatorische Varianten (Allophone) です。

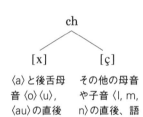

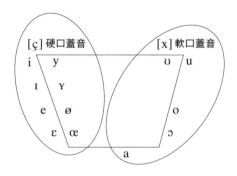

Chs/chs	[ks]	[ks] と発音します。〈x〉 と同じ音です。
Ck/ck	[k]	日本語のカ行の子音部分に当たります。
D/d	[d]	日本語のダデドの子音部分に当たります。
-d	[t]	語末・音節末では無声音の [t] になります。
ds	[ts]	日本語の「ツ」の子音部分と同じ破裂音です。〈t(ion)〉〈ts〉〈tz〉も同音です。
dt	[t]	日本語のタ行の子音部分に当たります。
F/f	[f]	上歯と下唇の間に隙間を作り、擦るような音を出します。外来語の 〈ph〉 も同じ音です。

文字	発音記号	発音の仕方
G/g	[g]	日本語のガ行の子音部分に当たります。
-g	[k]	語末・音節末では無声音の [k] になります。
H/h	[h]	日本語の「ハ、ヘ、ホ」の子音部分に当たる音です。 ・⟨hu⟩の組み合わせは、日本語の「フ」と異なります。「フ」は両唇の間に隙間を作りますが、[hu]の[h]では口の中のどこにも狭めを作らずに呼気を通します。 ・[hiː] [hɪ] は日本語の「ヒ」([çi]) と異なり、口の中に狭めを作らずに [h] の呼気を通します。 ・母音の直後の⟨h⟩は発音せず、直前の母音をのばします。母音直後の⟨h⟩に⟨l⟩ ⟨r⟩ ⟨m⟩ ⟨n⟩ が続く場合が多いです。 fehlen Uhr fühlen nehmen gähnen ・2つの母音に挟まれた ⟨h⟩ は、音節の境界を示します。⟨h⟩ の直前の母音は長母音です。まれに ⟨h⟩ を発音する人もいます。 sehen gehen ziehen ・子音や二重母音の直後の ⟨h⟩ は発音しません。 Theater [teaːtɐ] leihen [laɪən]
-ig	[ɪç]	語末・音節末の ⟨ig⟩ の ⟨g⟩ は [ç] と発音します。
J/j	[j]	日本語のヤ行の子音部分と同じ音です。外来語の ⟨j⟩ は、[ʒ] や [dʒ] になります。
K/k	[k]	日本語のカ行の子音部分に当たります。
L/l	[l]	歯茎に舌先を広げて押し当て、舌の両側から呼気を流します。有声音です。
M/m	[m]	日本語のマ行の子音部分と同じ音です。唇をしっかり閉じて発音します。
N/n	[n]	歯茎を舌先で閉じ、鼻から声を出します。日本語の「ナ・ヌ・ネ・ノ」の子音部分に当たる音です。ドイツ語は、語末・音節末でも [n] と発音します。日本語では「カン」のように語末・音節末では軟口蓋音 [ŋ] もしくは口蓋垂音 [ɴ] になります。
ng	[ŋ]	語末・音節末の ⟨ng⟩ は、軟口蓋を後舌で閉じて発音する [ŋ] です。 lang [laŋ] Wohnung [voːnʊŋ]

文字	発音記号	発音の仕方
nk	[ŋk]	〈n〉が〈k〉と同じところで発音するために〈n〉は [ŋ] になります。 denken [dɛŋkən]
P/p	[p]	日本語のパ行の子音部分に当たります。
Pf/pf	[pf]	両唇を閉じて [p] の形にし、すぐに下唇と上歯の間の隙間から息を出して [f] を発音します。[p] は破裂させません。破擦音です。
Ph/ph	[f]	外来語発音です。上歯と下唇の間に隙間を作り、摩擦するような呼気を出します。[f] と同じ音です。
Qu/qu	[kv]	〈q〉は [k]、〈u〉は [v] と発音します。
R/r	[ʁ]	ドイツ語のR音には3種類あります。 ①舌先を歯の裏（歯茎）に当てて細かく震わせる「巻き舌」の [r] ②のどひこ（口蓋垂）を舌の奥（後舌面）に当てて細かく震わせる [ʀ] ③のどひこ（口蓋垂）と後舌を狭めて摩擦させる [ʁ]

③の [ʁ] が標準ドイツ語発音です。ドイツ南部やオーストリア、スイスなどのドイツ語圏では①の [r] もよく使われます。[ʁ] と同じところを震わせる②の [ʀ] は、強調するときなどに使われます。

③の標準ドイツ語発音 [ʁ] の発音の仕方は、舌先を下げ、舌全体を奥に引きます。舌の奥の盛り上がったところを口蓋垂に近づけて隙間を作り、その間から呼気を通して摩擦するような擦れた音を出します。

*[r], [ʀ], [ʁ] は自由変異 freie Variante (Allophone) です。どれを使っても意味が変わることはありません。地域や個人により使用が異なります。

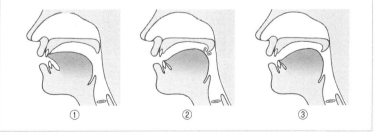

①　　　　　　　②　　　　　　　③

文字	発音記号	発音の仕方
-r, -er	[ɐ]	語末・音節末で [ɐ] になります。長母音の後の〈-r〉は、〈-er〉の [ɐ] より短く発音します。
S/s +母音	[z]	有声音の [z] です。日本語のザ行は、語頭や [n] の直後で破擦音 [dz] になることがあります。[dz] は、一度舌先を口蓋につけて発音します。ドイツ語の [z] では隙間を作って発音する摩擦音です。
-s	[s]	語末・音節末では無声音 [s] になります。
ss, ß	[s]	無声音の [s] です。短母音の直後は ss、長母音の直後は ß と書きます。
Sch/sch	[ʃ]	後部歯茎（歯茎より少し奥）と舌先で隙間を作り、呼気を通します。唇は丸めて突き出します。日本語の「シ、シャ、シュ、ショ」の [ç] は舌を歯茎と硬口蓋にまで広げますが、[ʃ] では舌を後部歯茎のところだけに隙間を作るという違いがあります。
Sp-/sp-	[ʃp]	語頭では [ʃp] と発音します。語頭以外は [sp] です。
St-/st-	[ʃt]	語頭では [ʃt] と発音します。語頭以外は [st] です。
T/t	[t]	日本語のタ・テ・トの子音部分に当たります。
t(ion)	[ts]	日本語の「ツ」の子音部分と同じ破裂音です。〈ds〉,〈ts〉,〈tz〉 も同様に [ts] です。
Ts/ts	[ts]	日本語の「ツ」の子音部分と同じ破裂音です。〈ds〉,〈tz〉,〈t(ion)〉 も同音です。
Tsch/tsch	[tʃ]	日本語の「チュ」の子音部分に似ている破裂音です。日本語と異なり、ドイツ語では唇を丸めてとがらせ、後部歯茎のところだけに隙間を作り、呼気を開放させます。
Tz/tz	[ts]	日本語の「ツ」の子音部分と同じ破裂音です。〈ds〉,〈ts〉,〈t(ion)〉 も同様に [ts] です。
V/v	[f]	ドイツ語本来の音です。〈f〉,〈ph〉 と同じ音です。

文字	発音記号	発音の仕方
V/v	[v]	外来語では有声音の [v] になります。
-v	[f]	語末・音節末では無声音の [f] になります。
W/w	[v]	前歯と下唇の隙間から有声音を出します。[f]の有声音です。
X/x	[ks]	[ks]と発音します。〈chs〉と同じ音です。
z	[ts]	日本語の「ツ」の子音部分と同じ破裂音です。〈ts〉,〈tz〉, 〈t(ion)〉 も同様に [ts] です。

Ⅴ 子音の文字と音の対応表 /////////////////////////////////

b	[b]	Ball [bal] ボール	aber [aːbɐ] しかし
-b	[p]	gelb [gelp] 黄色の	halb [halp] 半分の
ch	[ç]	Milch [mɪlç] 牛乳	ich [ɪç] 私
		echt [ɛçt] 本当に	
	[x]	Nacht [naxt] 夜	hoch [hoːx] 高い
		Buch [buːx] 本	auch [aʊx] …もまた
chs	[ks]	sechs [zɛks] 6	Fuchs [fʊks] キツネ
ck	[k]	Ecke [ɛkə] 角	Stück [ʃtʏk] 部分
d	[d]	Deutsch [dɔɪtʃ] ドイツ語	wieder [viːdɐ] 再び
-d	[t]	Hand [hant] 手	Kleid [klaɪt] ワンピース
ds	[ts]	abends [aːbənts] 夕方に	
dt	[t]	Stadt [ʃtat] 街	Verwandte [fɛɐvantə] 親戚
f	[f]	Fest [fɛst] 祭り	oft [ɔft] しばしば
g	[g]	Gabel [gaːbəl] フォーク	gestern [gɛstɐn] 昨日

117

-g	[k]	Berg [bɛʁk] 山	Fahrzeug [faːɐtsɔɪk] 乗り物
h	[h]	Hut [huːt] 帽子	heute [hɔɪtə] 今日
-(i)g	[(ɪ)ç]	wenig [veːnɪç] 少ない	ruhig [ruːɪç] 静かな
j	[j]	ja [jaː] はい	Japan [jaːpan] 日本
k	[k]	Kasse [kasə] レジ	kalt [kalt] 冷たい
ks	[ks]	links [lɪnks] 左の	Keks [keːks] クッキー
l	[l]	Land [lant] 国、州、地方	hell [hɛl] 明るい
m	[m]	Mann [man] 男	immer [ɪmɐ] いつも
n	[n]	Name [naːmə] 名前	nennen [nɛnən] 名づける
ng	[ŋ]	lang [laŋ] 長い	singen [zɪŋən] 歌う
n(k)	[ŋ]	Bank [baŋk] 銀行、ベンチ	denken [dɛŋkən] 考える
p	[p]	Park [paʁk] 公園	Papier [papiːɐ] 紙
pf	[pf]	Pferd [pfɛɐt] 馬	Pflanze [pflantsə] 植物
ph	[f]	Philosophie [filozofiː] 哲学	
		Alphabet [alfabeːt] アルファベット	
qu	[kv]	Qualität [kvalitɛːt] 品質	Quittung [kvɪtʊŋ] 領収書
r, rr	[ʁ]	Rot [ʁoːt] 赤	Herr [hɛʁ] 男の人
-r/-er	[ɐ]	Bär [bɛːɐ] 熊	Japaner [japaːnɐ] 日本人
rh	[ʁ]	Rhein [ʁaɪn] ライン（川）	Rhythmus [ʁʏtmʊs] リズム
s	[z]	lesen [leːzən] 読む	Sonne [zɔnə] 太陽
-s	[s]	Haus [haʊs] 家	Bus [bʊs] バス
sch	[ʃ]	Englisch [ɛŋlɪʃ] 英語	Fisch [fɪʃ] 魚
sp-	[ʃp]	Sport [ʃpɔʁt] スポーツ	spät [ʃpɛːt] 遅い

st-	[ʃt]	Student [ʃtʊdənt] 大学生	Stunde [ʃtʊndə] 時間
t	[t]	Tasche [taʃə] かばん	Tee [teː] 茶
th	[t]	Theater [teaːtɐ] 劇場	Thema [teːma] テーマ
ts	[ts]	nachts [naxts] 夜に	rechts [ʁɛçts] 右の
tsch	[tʃ]	Tschüs [tʃʏs] バイバイ	Deutsch [dɔɪtʃ] ドイツ語
tt	[t]	statt [ʃtat] …の代わりに	Mittel [mɪtəl] 手段
tz	[ts]	jetzt [jɛtst] 今	Platz [plats] 広場
v	[f]	Vater [faːtɐ] 父	Vogel [foːɡəl] 鳥
	[v]	privat [pʁɪvaːt] 私的な	Violine [violiːnə] バイオリン
w	[v]	Wagen [vaːɡən] 車	schwimmen [ʃvɪmən] 泳ぐ
x	[ks]	Text [tekst] テキスト	Taxi [taksɪ] タクシー
z	[ts]	Zeit [tsaɪt] 時間	Pizza [pɪtsa] ピザ
	[ʔ]	aber [ʔaːbɐ] しかし	beenden [bəʔɛndən] 終わる

プロソディー（韻律 Prosodie）

　一つ一つの音（[m] [a] など）を超えて連続する音のまとまりに係る音声の特徴です。超分節的特徴（suprasegmentale Merkmale, Suprasegmentalia）とほとんど同義で使われ、アクセント、イントネーション、言語リズム、休止、発話速度などがこれに当たり、音節・語・句・文などの単位が担います。

187 **I** 音節 Silbe //

単語を区切るといくつかのまとまりに分かれます。音節は、母音を中心とした最小の音のまとまりです。母音の前後に子音を伴うこともあります。母音の数だけ音節の数があり、母音数と音節数は原則として一致します。

シュワー音 [ə] が省かれた母音のない音節では、共鳴子音（110 頁参照）が音節の中心になります。[laːdn̩] の [n̩] が音節の中心であり、音節主音的子音と言います。

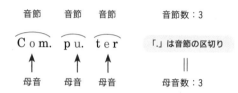

音節の音韻的構造は、頭子音（Onset, Silbenkopf：母音の前にある子音）、核音（Nukleus：母音など音節の中心となる音）、尾子音（Koda, Silbenkoda：母音の後にある子音）に分かれます。

ドイツ語では頭子音に 0 〜 3 個の子音が連続可能です。音節末・語末の尾子音は 0 〜 4 つまでを許容します。

　　　Straße [ʃtʁaːsə] 通り　　　　　Herbst [hɛʁpst] 秋

1) 日本語人学習者は、ドイツ語の子音連続にわずかに母音を入れて発音することがよくあります。日本語が撥音の「ン」や促音の「ッ」以外は母音で終わる開音節（offene Silbe）の言語だからです。ドイツ語は、子音で終わる閉音節（geschlossene Silbe）の割合が高い言語です。

2) 音節は、語アクセント（強勢）を担う単位でもあります。ドイツ語の単語は原則として語幹の第 1 音節に語アクセント（強勢）が置かれ、他の音節より相対的に「強く（高く・長く）」発音します。その他の音節は弱音節となり、母音や子音が弱化したり脱落したりする音声変化が起きます。音節は、母音の長短も調整します。母音の長短は、アクセント（強勢）の有無や母音・子音の数・種類で決められます。　▶【導入編】、【本篇】参照

アクセント（強勢）の置かれた母音に続く子音の数により、長母音・短母音が区別されます。

長母音（続く子音が 1 個以下）

da　ba.den　le.sen　ge.ben　O.per

短母音（続く子音が 2 個以上）

alt　dan.ken　bit.ten　Fest　Land

例からもわかるように、**開音節**（母音で終わる音節）は**長母音**、**閉音節**（子音で終わる音節）は**短母音**です。ba.den の ba は開音節のために**長母音**、dan.ken の dan は閉音節のために短母音です。同様に bit.ten は、重子音 tt の間に音節の区切りがあり、[bit] は閉音節です。
ただし、この原則は、1 音節語には当てはまりません。尾子音が 1 つの**重音節**は**長母音**（Glas, klug）になることも短母音（das, man）になることもあり、尾子音が 2 つ以上の**超重音節**でも**長母音**（Mond, Obst）になることもあります。

3) ドイツ語では尾子音が文字通りの音と異なる音に変わることがあります。
① 音節末・語末の尾子音の有声阻害音 [b][d][g][z][v] は、無声阻害音 [p][t][k][s][f] に変わります。
② ⟨r⟩ は頭子音であれば [ʁ] になりますが（Rad [ʁaːt]）、尾子音であれば [ɐ] になります（Bier [biːɐ]）。なお、尾子音の直前の母音が短母音であれば [ɐ] 音であるとされていますが、現在の日常会話では母音の長短にかかわらず尾子音のほとんどが [ɐ] になります（werden [vɛɐdən]）。

Ⅱ 語アクセント Wortakzent ///////////////////////////////

ドイツ語は**強弱アクセント**の言語です。強勢のある**強音節**は、主に強さ（高さ・長さ）を使い、際立たせます。強勢のない**弱音節**は、相対的に弱く、速く発音します。

語アクセント (強勢) をどこに置くかにより語の意味を区別することができます。„übersetzen" は、„über" もしくは „set" のどちらに語アクセント（強勢）を置くかにより、意味を違えます。

189

単一語の語アクセント（強勢）

1) 原則として語幹の最初の音節に置かれます。

a) 非分離前綴り be-, emp-, ent-, er-, ge-, ver-, zer- には置かれません。

b) 分離動詞の前綴りに置かれます。

c) 前綴り um-, wieder-, wider-, miss- は、分離動詞にも非分離にも使われます。

miss- のついた名詞・形容詞には、ほとんどの場合アクセント（強勢）がつきます。動詞の前綴り miss- ではアクセント（強勢）が置かれませんが非分離前つづりが続くと miss- に置かれます。

名詞、形容詞：Misserfolg （名詞）失敗

misstrauisch （形容詞）疑わしそうな

動詞：misslingen （動詞）うまくいかない

missverstehen （非分離前つづりのつく動詞）誤解する

d) 前綴り un-, ur- に語アクセント（強勢）が置かれます。

Unglück 不幸　　unbekannt 知られていない　Urlaub 休暇

Ursache 原因　　例外：unendlich / unendlich 無限の

e) 接尾辞 -bar, -chen, -er, -haft, -heit, -in, -ig, -lich, -lein, -keit, -nis, -sal, -sam, -tum, -ung などにはアクセント（強勢）が置かれません。

essbar　食べられる　　　freundlich　親切な　　　Verständnis　理解

2) 外来語のアクセント（強勢）は、最後の音節あるいは最後から2番目の音節に置かれます。外来語の接尾辞 -ie, -ieren, -tion, -ion, -erz, -ent, -tät, -är, -ik, -oph, -graph/-graf にはアクセント（強勢）が置かれます。

Galerie　画廊　　　studieren　大学で勉強する　　　Situation　状況

3) アクセント（強勢）の移動
外来語の接尾辞 -al/-alität, -ik/-iker, -or/oren, -er, -ieren は、アクセント（強勢）の移動を伴います。

formal　形式（上）の / Fomalität　形式的手続き
Musik　音楽 / Musiker　音楽家
Professor　教授 / Professoren　教授 (pl)
Amerika　アメリカ / Amerikaner　アメリカ人
Studium　大学の勉強 / studieren　大学で勉強する

190　複合語の語アクセント（強勢）

1) 2つ以上の語からなる複合語は、最初の語（規定語）にアクセント（強勢）が置かれます。

Wochen | ende　週末　　　Markt | platz　市場広場
Sommer | ferien　夏休み　　　Familien | stand　配偶関係

2) 2語からなる並列的な複合語では、最後の語にアクセント（強勢）が置かれます。

schwarz-weiß　黒白の　　　süd-west　南西の

3) 3語からなる並列的な語では、3語すべてにアクセント（強勢）を置くことも、最後の語に置くこともできます。

Schwarzrotgold または Schwarzrotgold　黒赤金

4) 3 語からなる複合語は、従属関係により異なる位置にアクセント（強勢）が
置かれます。

[A [BC]] **Hauptbahnhof**　　中央駅

[[AB] C] **Esstischlampe**　　食堂用の灯り

[A [BC]] **Bezirksbauamt**

地区の建設課（特に地区、郡、州などの行政単位で用いられる）

[[AB] C] **Jahrhundertwende** 世紀末

頭字語

頭字語では最後のアルファベット文字に語アクセント（強勢）が置かれます。

DB (De**utsche Bahn**)　　ドイツ鉄道

BRD (Bundesrepublik De**utschland**)　　ドイツ連邦共和国

EU (Europäische Uni**on**)　　ヨーロッパ連合

PKW (Pers**onenkraftwagen**)　　自家用車

短縮語

2 語からなる短縮語では最初の語に語アクセント（強勢）が置かれ、3 語か
らなる短縮語では 2 番目の語に置かれます。

K**uli**=K**ugelschreiber**　　ボールペン

Az**ubi**=A**uszubildender**　　職業訓練生

リズムグループ Rhythmusgruppe ////////////////////////////

リズムグループは、ほぼ等間隔で規則的に繰り返される言語単位です。**アクセントグループ**（Akzentgruppe）または**語グループ**（Wortgruppe）とも呼ばれます。ほぼ同じ時間間隔で繰り返される**等時性**は、必ずしも物理的なものではないことが多く、心理的な等時性として認識されるものです。

言語リズムは大別すると**強勢拍リズム**と**音節拍リズム**に分けられます。日本語は音節拍リズムがさらに分かれた**モーラ拍リズム**の言語です。

言語リズム 　　　**強勢拍リズム**
　　　　　　　　　　音節拍リズム

　　　　　　　　　　　　└─ **モーラ拍リズム**

1) 強勢拍リズム

   強勢のある音節から次の強勢のある音節までの間がほぼ等間隔に繰り返されます。

   ドイツ語、英語、オランダ語、ロシア語、スウェーデン語、ノルウェー語など。

2) 音節拍リズム

   音節と音節との間がほぼ等間隔で繰り返されます。

   フランス語、スペイン語、イタリア語、トルコ語、中国語など。

3) モーラ拍リズム　　　　　モーラとはカナ1文字に相当する単位です。

   モーラを単位としてモーラ間がほぼ等間隔で繰り返されます。

   日本語など。

強勢拍リズムのドイツ語は、強勢のある音節を中心に前後に弱音節を従えた**リズムグループ**を作ります。

193

リズムグループのアクセント（強勢）を担う語は通常**内容語**です。**内容語**には動詞、名詞、形容詞、副詞、指示代名詞が含まれ、実質的な意味内容を表します。**機能語**は冠詞、代名詞、前置詞、接続詞、助動詞のように主に文法的な役割を担い、通常、アクセント（強勢）がありません。

/mit　den　Zügen / 電車で

機能語　機能語　内容語

特に強調したい場合には機能語にもアクセント（強勢）が置かれます。

/mit　den　Zügen / その電車で

194

Ⅳ 文アクセント Satzakzent ///////////////////////////////

文の中で話し手が最も伝えたい情報を持つ語に**文アクセント**が置かれます。伝えたい情報とは、未知の情報や新情報、重要な情報、特に強調したい情報です。語アクセントは主に強さを伴って発音されますが、文アクセントには強さの他に特に高さ（低さ）と長さを用います。

Alex sitzt im Wohnzimmer.

文アクセントは最後の名詞
Wohnzimmer にあります。

Das Fenster des Wohnzimmers ist geöffnet.

Fenster は新情報のため文
アクセントがつきます。

中立的な文の場合、ピッチは文末に向かって少しずつ下がります。なお、文の発話では生理的な要因により全体的にピッチが緩やかに下がります。これを自然下降（Deklination）といいます。文アクセントが文の最後の方にある場合は、文頭より低い位置にありますが、文アクセントとして認識されます。

Das ist mein Freund Klaus.

1 つの文に複数のリズムグループがある場合、最後のリズムグループのアク
セント位置が文アクセントです。リズムグループごとにメロディーは段々と
下降します。この現象をダウンステップ（Downstep）またはカタセシス
（Katathesis）といいます。最後のリズムグループのアクセント（強勢）が文
アクセントとして認識されます。下の文の場合は、Jan がこの文の文アクセン
トです。

/Das ist mein Freund Thomas / und das ist mein Bruder Jan./

中立的な文アクセントが置かれる語には次の原則があります。

① 名詞が 1 つしかない場合：名詞にアクセント

Ich wohne in Köln.　私はケルンに住んでいます。

② 名詞が複数ある場合：最後の名詞にアクセント

die Nummer von Maria　マリアの電話番号

③ 名詞がない場合は動詞にアクセント

Ich kann das noch.　私はまだそれができる。

④ 枠構造を作る場合：文末の要素にアクセント
　a) 分離動詞

　　Er kommt morgen an.　彼は明日到着する。
　b) 話法の助動詞

　　Wir müssen das machen.　私たちはそれをしなければならない。
　c) 現在完了形

　　Ich bin geschwommen.　私は泳いだ。
　d) コピュラ（繋辞）動詞

　　Er ist sehr nett.　彼はとても親切だ。

127

195 焦点アクセント Fokusakzent

前後の文脈により特定の語に焦点が当てられることがあります。問われたことに対する答えとなる語や、特に強調したい語などです。内容語以外に機能語にも文アクセントをつけることができます。焦点アクセントのついた語は、通常の文アクセントより高く（低く）発音します。

中立的な文： Thomas fährt am Freitag nach München.

Wo?　　　　 Thomas fährt am Freitag nach München.

Wann?　　　 Thomas fährt am Freitag nach München.

Fährt Thomas am Freitag von München?

　　　　　　 Nein, er fährt nach München.

196 対比アクセント Kontrastakzent

1) 文中の特定の要素を対比させたり、限定する場合に使います。通常では文アクセントが置かれないところにも置くことができます。対比アクセントは、特に強く、高く発音します。

　Gekauft? —Nein, verkauft.　通常は非分離前綴り ver- にアクセント（強勢）はない。
　買ったの？　一いや、売ったんだ。

2) 2 つの語を対立させる場合には、文アクセント (強勢) を 2 つつけることができます。イントネーションは帽子のような形 (Hutkontur) になります。

　/ Haben Sie Dienstag gesagt oder Donnerstag? /
　火曜日といいましたか、それとも木曜日ですか？

128

主語以外の語を文頭に置いても対照的な意味で使われる場合は Hutkontur になります。

Haben die Kinder Sport gemacht? 子どもたちはスポーツをしましたか？

Fußball haben die Kinder gespielt. サッカーを子どもたちはしました。

Die Jungen haben Fußball gespielt. 男の子はサッカーをしました。

V 文末イントネーション Intonation ////////////////////////////

イントネーションとは、文を単位とした高さの変化です。イントネーションを用いて平叙文、疑問文、感情の変化といった文の種類や発話意図、意味構造を区別します。文末イントネーションは、文アクセントの位置から文の終了までの高さの変化を表します。文アクセントが文の最後の方にある場合は、ピッチを徐々に下げ、文アクセント位置からピッチを一気に下げます。疑問文のように文の最後が上がる場合は、文アクセントのところを一度下げて徐々に文末に向かって上げていきます。

Das ist mein Computer. Ist das mein Computer?

↑ ↑
文アクセント 文アクセント

文の最後が下がる場合は下降調、上がる場合は上昇調、そのままか少し上がる場合は平坦調の 3 種を類別します。

・**下降調 fallend** ↘

　客観的な情報や命令・依頼を伝える文で使われ、話が完結していることや、断定するときに使われます。平叙文、命令文、感嘆文、補足疑問文 (疑問詞つきの疑問文) に使われます。

129

平叙文	Wir gehen spazieren.	私たちは散歩する。
命令、依頼、要求	Kommen Sie morgen!	明日来てください。
	Sag ihm Bescheid!	彼に知らせてください。
補足疑問文	Wohin fahren Sie in den Urlaub?	
	休暇はどこに行きますか？	
感嘆文	So ein Glück!	こんな幸運が！

・上昇調 steigend ↗

丁寧な依頼や勧誘，呼びかけなど，相手からの反応を期待したり会話の継続を促す場合，聞き返して問う場合、答えを求める決定疑問文（ja, nein で答える疑問文）に使われます。相手への親しみを込める際には平叙文、補足疑問文でも文末を上昇させます。

決定疑問文	Kommen Sie zur Ausstellung?	
	展覧会に来ますか？	
丁寧な疑問文	Wie heißen Sie?	名前は何ですか？
聞き返し	Wie ich heiße?	私の名前ですか？

・平坦調 gleichbleibend →

話が終わっていないことを表します。不確かさも表すことができ、断定を避けるようなあいまいな意味が込められます。

文の途中	Das kann ich nicht so recht sagen...	
	はっきりと言えませんが…。	
列挙	Meine Hobbys sind Fußball, Tennis, Reisen...	
	私の趣味はサッカー、テニス、旅行…	
挿入文	Gestern, so um 20 Uhr, ist es passiert.	
	昨日の、20 時頃に、起こりました。	

感情のイントネーション emontionale Intonation

本編の説明以外では、次のイントネーションも使われます。

・下降上昇調

ピッチがいったん下がってから上昇する音調です。部分的に賛成するが多少疑いの気持ちを表したり、不確かさを表す場合に使われます。

Wirklich? 本当に？　　　　Vielleicht? もしかしたら？

・上昇下降調

強い感情、感動、驚きを表します。

（うれしさを表して）Wirklich? 本当？

Ⅵ 音声変化 phonostilistische Variationen ///////////////////

ドイツ語のような強勢拍リズムの言語では、アクセント（強勢）が置かれた音節以外の弱音節は速く・弱く発音し、同化して別の音に変ったり脱落したりすることがあります。本来の調音位置まで達せずに調音されたり、隣接する音から影響を受けるからです。音が変化することを音声変化といいます。

音声変化には次の4種類があります。

199 1. 音・語尾が脱落する Elision

a) [ə] の脱落

語尾〈-en〉〈-em〉〈-el〉のシュワー音〈e〉([ə]) は脱落されやすく、特に動詞の語尾〈-en〉の [ə] は、強調しない限りニュースなどフォーマルな場合でもどのようなスピーチスタイルでも省かれる傾向にあります。

haben [haːbən] → [haːbn̩] 持つ　　　　Vogel [foːgəl] → [foːgl̩] 鳥

b) 同音の片方の脱落：同じ子音が続くと、片方が省略される

im Mai	[ɪmmaɪ]	→ [ɪmaɪ] 5月に
Wenn nicht,...	[vɛnnɪçt]	→ [vɛnɪçt] もしそうでなければ…
Aufführung	[aʊffyːʁʊŋ]	→ [aʊfyːʁʊŋ] 上演

c) 接尾辞 -en の脱落：語幹が鼻音に終わる動詞は、語尾が脱落されやすい

kommen → [kɔm] 来る　　　　nennen → [nɛn] 名付ける

nehmen → [neːm] 取る　　　singen → [sɪŋ] 歌う

d) 語末の破裂音・側面接近音の脱落：語末の [p, t, k] や [l] は脱落されやすい

〈nicht〉 [nɪçt] → [nɪç]

〈mal〉　[maːl] → [maː]

132

2. 同化 Assimilation

動詞や名詞の語尾〈en〉の [ə] が脱落した後は、次の a)、b) のような変化になることがあります。

a) **鼻音同化語尾〈en〉の [ə] が脱落した後の鼻音 [n] は、隣接する子音と同じ調音点の [m] や [ŋ] に同化することがあります。[haːbn] の [b] を発した後に口蓋帆を下げれば同じ調音点（両唇）の鼻音 [m] に移行します**

[haːbn] → [haːbm]

　両唇音 [b], [p], [m] 直後の [n] が [m] に
　　　〈leben〉生活する　[leːbən] → [leːbm]
　軟口蓋音 [g], [k], [ʁ] 直後の [n] が [ŋ] に
　　　〈liegen〉横たわる　[liːgən] → [liːgŋ]
　唇歯音 [v], [f] 直後の [n] が [m̩] に
　　　〈Ofen〉オーブン　[oːfən] → [oːfm̩]
　歯茎音 [d], [t], [n], [s], [z]
　　　母音は、直後の [n] と同じ調音位置のために同化しません。

b) **隣接する無声音の影響で音が無声化する**

Das sind [daszɪnt] → [das̥zɪnt]　これらは…です。

mit dem [mɪtdəm] ……とともに　　※[̥] は無声化された音を表します。

3. 母音の弱化（Vokalreduktion）

母音がアクセント（強勢）の調音位置に舌が達せずに口腔内の中央に近いところで発します。長音は短音になり、緊張母音は弛緩母音になり、中央にある母音 [ə] に向かう音になります。（97頁　図6参照）

den [deːn] → [den] → [dən] → [də], [dn]

die [diː] → [dɪ]

Buch [buːx] → [bux] → [bʊx]

Sohn [zoːn] → [zon] → [zɔn]

a) **無声破裂音 /p/, /t/, /k/ は、語末・音節末で無開放の** [p̚], [t̚], [k̚] **になる
ことがあります。無開放の発音記号は** [̚] **を使います**

[p, t, k] の無開放

子音連続中や語末の [p, t, k] は破裂しないことがあります。これを**無開放**と言
います。

例：[t] の発音の仕方

閉鎖　　　　　閉鎖の持続　　（閉鎖の開放・破裂）

[歯茎と舌先で閉じる]　[閉鎖を持続させる]　[閉鎖を開放し、破裂音が聞こえる]

[t] は、歯茎と舌先でいったん遮断し（閉鎖）、しばらく空気の流れを止め（閉
鎖の持続）、高まった圧力を解いて開放（破裂）するときに生まれる音です。
子音に挟まれたり語末にある**無声破裂音**は、開放を伴うことなく**閉鎖の持続**
の段階で終わることがあります。

ist schon 　　[ɪst̚ ʃoːn] 　すでに…である

endlich 　　　[ɛnt̚lɪç] 　ついに

破擦音

破擦音 [pf] [ts] [tʃ] の破裂音 [p] [t] も同様に、[p] と [t] は破裂を伴う開放を行
わず、[f] [s] [ʃ] の摩擦音に移行します。

b) **[p, t, k] は脱落することもあります。** 子音連続中や語末の [p, t, k] では無開
放のみならず特に速く発音すると [p, t, k] は省かれることもあります。

Entschuldigung [ɛntʃʏldɪɡʊŋ] / [ɛnʃʏldɪɡʊŋ] 　すみません

Und? [ʊnt̚] / [ʊn] 　そして？

c) 連結（リエゾン）

速く発音すると単語の最後の子音（尾子音）と次の単語の語頭の母音がつながって新たな音節を形成することがあります。通常ドイツ語では語の最後の破裂音（例では [t]）と次の語の母音（es の [ɛ]）をつなげることはしませんが、ここでは音節の区切りを変えて新たな音節を形成します。

Was gibt es? [vas.ɡɪpt.ɛs] → [vas.ɡɪp.tɛs]　何があったの？

鼻腔開放

破裂音 [t] [d] の直後に鼻音 [n] が続く場合、[t] [d] の最後を破裂させずに [n] を発音することがあります。まず舌先を歯茎につけて [t] [d] の閉鎖を作ります。閉鎖を維持したまま [n] を発音すると軟口蓋と口蓋垂（＝口蓋帆）が下がり、鼻腔から呼気が抜けます。呼気を鼻から開放するため、**鼻腔開放**と呼ばれ、発音記号では [dⁿ] [tⁿ] と書きます。

側面開放

[t] [d] の直後の [l] もまた、[t] [d] の最後を破裂させずに [l] を発音することがあります。鼻腔開放の時のように舌先を歯茎につけて閉鎖を作り、閉鎖を維持したまま [l] を発音するときのように舌の両側から息を一気に吐き出します。舌の両側から破裂の息が開放されるため、**側面開放**と呼ばれ、[tˡ] [dˡ] と書きます。

実践編

詩を読む

   An die Freude「歓喜に寄せて（歓喜の歌）」

   Sehnsucht nach dem Frühling「春への憧れ」

童話を読む

   Die Wichtelmänner「小人の靴屋」（グリム童話）

演説

   2019 年にドイツ連邦首相（当時）アンゲラ・メルケル氏がアメリカの
   ハーバード大学の卒業式で行った祝辞を抜粋しました。

文学作品

   Die Verwandlung「変身」

詩を読む //

An die Freude「歓喜に寄せて（歓喜の歌）」

シラー (Friedrich Schiller) の原詩をもとにベートーベン (Ludwig van Beethoven) が交響曲第 9 番第 4 楽章の独唱・合唱曲のために作曲したものです。欧州連合賛歌に採用され、記念式典などで演奏されています。

詩は、強音節と弱音節が繰り返される「強弱格（Trochäus）」です。各行の脚韻は、2 種の韻を 1 行おきに交差させて韻を踏む交差韻です。そのため 1 行目の Götterfunken と 3 行目の feuertrunken の unken が同じ、2 行目と 4 行目の Elysium と Heiligtum が同じ um に終わります。

詩の強格●のところは強め、長めに発音し、弱格△では弱め、速めにして、強弱格（Trochäus）のリズムを感じながら声を出して読みましょう。

※日本語は意訳です。

203
🎧
204
🎧

●　△　　●　△　△　●　△
Freude, schöner Götterfunken,　　歓喜よ、美しい神々の霊感よ

●　　△　●　△●△●
Tochter aus Elysium,　　天上楽園の乙女

　　　　　　　　[Freude, Götterfunken, Tochter は同格]

●　△　●　△　△　●　△
Wir betreten feuertrunken,　　我々は熱く酔いしれて

●　　　△　●　△　●　△　●
Himmlische, dein Heiligtum!　　崇高なるもの、聖なるあなたのところに入っ

　　　　　　　　ていく [Himmlische, Heiligtum も同格]

●　△　●　△　●　△　●　△
Deine Zauber binden wieder,　　あなたの魔力は再び結びつける

●　　△　●　△　　●　△　●
Was die Mode strenggeteilt;　　時流が強く切り離したものを

●△　●　　△　●　△　●　△
Alle Menschen werden Brüder,　　全ての人々は兄弟になる

●　△　●　　△　●△△
Wo dein sanfter Flügel weilt.　　あなたの柔らかな翼が留まるところで

Sehnsucht nach dem Frühling 「春への憧れ」

「春への憧れ」は、オーヴァーベック（Christian Adolph Overbeck）の 1776 年の原詞にモーツァルト（Wolfgang Amadeus Mozart）が 1791 年に曲をつけたものです。ドイツではだれもが口ずさむことのできる有名な曲です。

歌詞の「'」は、e が省かれたことを示します。動詞 blüh'n, seh'n, geh'n では人称変化語尾 en の e が省かれ、2 音節（blühen など）を 1 音節 (blüh'n) にしています。wär も wäre の e が省かれ、wenn es を wenn's の 1 音節にしています。このように「'」を入れることで音節数を減らし、詩脚を調整しています。85 頁で説明したように、シュワー音の e はよく省略されます。

1 番と 5 番の音声を聞き、枠から単語を選んで下線部に書きましょう。

1 番
205 🎧

Komm, lieber _____, und mache
die Bäume wieder _____,
und lass mir an dem Bache
die kleinen _____ blüh'n!
Wie möcht' ich doch so gerne
ein Veilchen _____ seh'n!
Ach, lieber Mai, wie _____
einmal _____ geh'n!

> gerne 好んで
> grün 緑色の
> Mai 5 月
> spazieren 散歩する
> Veilchen すみれ
> wieder 再び

5 番
206 🎧

Ach, wenn's doch erst _____
und _____ draußen wär!
Komm, lieber Mai, wir _____,
wir bitten gar zu sehr!
O komm und _____ vor allen
uns viele _____ mit!
Bring auch viel _____
und schöne _____ mit!

> bring 持ってきて
> gelinder さらに穏やかに
> grüner さらに緑色に
> Kinder 子供
> Kuckucks カッコウ
> Nachtigallen
> ナイチンゲール（鳥）
> Veilchen すみれ

「春への憧れ」は、弱音節と強音節が繰り返される弱強格（Jambus）の詩です。ドイツ語のリズムを保つために強格は強め、長めに、弱格は弱め、速めに発音します。最初は音声に合わせて強格と弱格を意識的に発音し、その後フレーズごとに練習しましょう。

1番　　　　　　　　　　　　　　　　△＝弱格　●強格

△　　　●　△　●　△　　●　△
Komm, lieber Mai, und mache

△　●　　△　●　△　●
die Bäume wieder grün,

△　●　　△●　△　●　△
und lass mir an dem Bache

△　●　△　●　△　　●
die kleinen Veilchen blüh'n!

△　　●　　△　　●　△　●　△
Wie möcht' ich doch so gerne

△　●　　△　●　△　●
ein Veilchen wieder seh'n!

△　　●△　●　　△　●　△
Ach, lieber Mai, wie gerne

△　●　　△●　△　　●
einmal spazieren geh'n!

Bäume 木々 < Baum の複数　　Bache 小川 < Bach の3格
blüh'n = blühen 咲く　　möcht' = möchte …したい
seh'n = sehen 見る　　einmal 一度　geh'n = gehen

5番

△　●　　△　●　　△　●　△
Ach, wenn's doch erst gelinder

△　　●△　●　　△　　●
und grüner draußen wär!

　△　　　●△　●　　△　　●　△
Komm, lieber Mai, wir Kinder,

　△　●　△　●　△　●
wir bitten gar zu sehr!

△　●　　△　　●　　△　●　△
O komm und bring vor allen

△　●△　●　　△　●
uns viele Veilchen mit!

　△　●　　△　　●　△●　△
Bring auch viel Nachtigallen

　△　　●△　●　△　　●
und schöne Kuckucks mit!

---

gelinder（比較級）< gelind 穏やかな　　grüner（比較級）< grün 緑色の

wär < wäre（sein の接続法第Ⅱ式）　gar 本当に　　vor allem 特に

Nachtigallen (*pl*) < Nachtigall ナイチンゲール

Kuckucks (*pl*) < Kuckuck カッコウ

207

Komm, lieber Mai

1. Komm, lie - ber Mai, und ma - che die Bäu - me wie - der grün, und

lass mir an dem Ba - che die klei - nen Veil - chen blühn! Wie

möcht ich doch so ger - ne ein Veil - chen wie - der sehn! Ach,

lie - ber Mai, wie ger - ne ein - mal spa - zie - ren gehn!

(liederprojekt.org)

童話を読む ///

Die Wichtelmänner 「小人の靴屋」（グリム童話）

Die Wichtelmänner は 3 部からなり、その第一話が「小人の靴屋」です。ここではグリム童話の原文の内容をもとに単語や言い回しを変えて分かりやすくしています。

1 「小人の靴屋」で使われる単語を確認しましょう。その後音声を聞いて内容が合っている文を 1 〜 10 の中から選びましょう。

> Schuhmacher 靴屋　Leder 皮　Schuhe (1 足の)靴　Kunde 客
> Arbeitszimmer 仕事部屋　Mitternacht 夜中　Männchen 小人

☐ 1) 年老いた靴屋は貧しく、店を閉めることになった。

☐ 2) 前の晩にテーブルに置いた靴用の皮は、次の日には靴になっていた。

☐ 3) 靴の出来はさほどでもなく、買い手がつかなかった。

☐ 4) 靴屋は次の日にも 2 足分の靴用の皮をテーブルに置いた。

☐ 5) 靴は売られることはなく、生活は楽にならなかった。

☐ 6) ある日のこと、靴屋と奥さんは仕事部屋のドアの後ろに隠れた。

☐ 7) 夜中に小人が 2 人やってきて靴を作り、去っていった。

☐ 8) 小人に感謝の気持ちを表すために靴屋と奥さんは小人用のシャツとズボン、靴を作ってプレゼントした。

☐ 9) 小人はいつものように靴を作り、洋服を着ないで帰っていった。

☐ 10) 靴屋と奥さんは小人が来なくなっても末永く幸せに暮らした。

2 物語の中から抜粋した文です。下線部のアクセント（強勢）を強く、長く発音し、その間をほぼ同じ時間に保つために間にある単語を速めに発音しましょう。

1) /Es war einmal ein alter Schuhmacher./

2) /Der Schuhmacher war erstaunt./

3) /Wieder ließ er das Leder auf dem Tisch liegen./

4) /Eines Tages waren der Schuhmacher und seine Frau neugierig./

5) /Als die Schuhe fertig waren, / gingen sie schnell fort./

> waren の e は省かれます。

6) /Die kleinen Männer haben uns reich gemacht./

> kleinen, haben の e は省かれます。

7) /Um Mitternacht kamen sie/ und wollten sich gleich an die Arbeit machen./

> kamen, wollten, machen の e は省かれ、kamen は [ka:m] に。

8) /Aber dem Schuhmacher und seiner Frau ging es gut und sie waren glücklich,/ solange sie lebten./

> lebten の最後の e も省かれます。

1) 昔々あるところに年老いた靴屋がいました。
2) 靴屋は驚いた。
3) 再び皮をテーブルの上に置いた。
4) ある日靴屋と奥さんは興味を持った。
5) 靴が出来上がると彼らはすぐに去った。
6) 小人は私たちの暮らしを楽にしてくれた。
7) 真夜中にやってきてすぐに仕事を始めようとした。
8) しかし靴屋と奥さんは末永く幸せに暮らした。

物語を通して読みましょう。その後音声に重ね合わせるように読みましょう。
テキストを見ながらでもよいですが、最後はテキストを見ずに音声を聞いて
重ねるように発音しましょう。

Es war einmal ein alter Schuhmacher, der lebte mit seiner Frau
in einer Stadt. Er war so arm, dass er eines Tages nur noch ein Stück
Leder für ein Paar Schuhe hatte. Er legte das Leder auf den Tisch,
damit er am nächsten Morgen mit der Arbeit anfangen kann und ging
schlafen. Am nächsten Morgen fand der Schuhmacher das fertige
Paar Schuhe auf dem Tisch. Der Schuhmacher war erstaunt. Die
Schuhe waren so schön und perfekt. Gleich kam ein Kunde, dem die
Schuhe so gut gefielen, dass er mehr Geld als üblich bezahlte.

Für dieses Geld konnte der Schuhmacher neues Leder für zwei
weitere Paar Schuhe kaufen. Wieder ließ er das Leder auf dem Tisch
liegen. Am nächsten Tag standen zwei Paar Schuhe fertig. Auch diese
konnte der Schuhmacher für gutes Geld verkaufen. Und so ging es
weiter für lange Zeit und der Schuhmacher konnte von dem Geld gut
leben, das er mit den Schuhen verdiente.

Eines Tages waren der Schuhmacher und seine Frau neugierig,
wer die Schuhe machte. Also beschlossen sie, sich in einem Schrank
im Arbeitszimmer zu verstecken, um herauszufinden, wer die Schuhe
machte. Als es Mitternacht war, kamen zwei kleine niedliche
Männchen, und fingen an zu nähen und zu klopfen und machten
Schuhe. Als die Schuhe fertig waren, gingen sie schnell fort. Der
Schuhmacher und seine Frau waren erstaunt.

Am nächsten Tag sprach die Frau: „Die kleinen Männer haben
uns reich gemacht. Wir müssten unseren Dank zeigen. Weißt du was,
ich will Hemden und Hosen für sie nähen, auch jedem ein Paar
Strümpfe stricken. Machst du jedem ein Paar Schuhe dazu?" Am
Abend, als sie alles fertig hatten, legten sie die Geschenke zusammen
auf den Tisch und versteckten sich dann, um zu sehen, wie die

Männchen reagieren werden. Um Mitternacht kamen sie und wollten sich gleich an die Arbeit machen. Als sie aber kein Leder sondern die Kleidungsstücke fanden, wunderten sie sich erst, dann aber zeigten sie viel Freude. Sie zogen sie sich an, und tanzten zur Tür hinaus. Von nun an kamen sie nicht wieder, aber dem Schuhmacher und seiner Frau ging es gut und sie waren glücklich, solange sie lebten.

　昔々あるところに年老いた靴屋がいました。彼は奥さんと街に住んでいました。彼はあまりにも貧しかったので、ある日のこと、一足の靴用の皮が一枚しかなくなってしまいました。彼は次の日に仕事に取り掛かれるように皮を机の上に置いて寝ました。翌日、靴屋はテーブルに靴が出来上がっているのを見つけました。彼は驚きました。靴はとてもきれいで完ぺきな仕上がりでした。すぐに靴を気に入った客がやってきて普段より多額のお金を支払ってくれました。

　そのお金で靴屋は新たに2足分の皮が買えました。再び皮をテーブルの上に置いておきました。翌日、靴は2足完成していました。この靴も良いお金で売れました。そして長い間このようなことが続き、靴屋は靴で得たお金で良い暮らしをすることができました。

　ある日のこと靴屋と奥さんは誰が靴を作っているのかを知りたくなりました。それで誰が靴を作っているかを確かめるために仕事部屋のタンスの中に隠れることにしました。夜中になると、かわいらしい小人2人がやってきて縫ったり打ったりし始めて靴を作りました。靴が出来上がるとすぐに去っていきました。靴屋と奥さんは驚きました。

　翌日奥さんは言いました。「小人は私たちを金持ちにしてくれました。私たちの感謝の気持ちを伝えなければなりません。考えたのだけれど、私は小人のためにシャツとズボンを縫おうと思います。それに二人にそれぞれ靴下を1足ずつ編みます。あなたは二人にそれぞれ靴1足ずつを作ってくれませんか。」すべてがそろった夕方にプレゼントをまとめてテーブルの上に置き、小人がどのような反応をするかを見るために二人は隠れました。真夜中に小人はやってきてすぐに仕事にとりかかろうとしました。彼らが皮ではなく洋服を見つけるとまず驚き、そして大喜びしました。彼らは服を身に着け、踊りながらドアから出て行きました。それ以来再び戻ってくることはありませんでした。靴屋と奥さんは小人が来なくなっても末永く幸せに暮らしました。

演　説 ///

2019 年にドイツ連邦首相（当時）アンゲラ・メルケル氏がアメリカのハーバード大学の卒業式で行った祝辞を抜粋しました。
冒頭にヘルマン・ヘッセを引用し、次世代への勇気と期待を込めています。

211
🎧

„Jedem Anfang wohnt ein Zauber inne, der uns beschützt und der uns hilft zu leben." Diese Worte Hermann Hesses haben mich inspiriert, als ich mit 24 Jahren mein Physikstudium abschloss. Es war das Jahr 1978. Die Welt war geteilt in Ost und West. Es war die Zeit des Kalten Krieges.

「どのようなはじまりにも不思議な力が宿っている。その力は私たちを守り、生きていく助けとなる。」このヘルマン・ヘッセのことばは、私が 24 歳で物理学を修了した時に勇気づけてくれました。1978年のことでした。世界は東と西に分断されていました。冷戦の時代でした。

© Paul Marotta / Getty Images

147

アンゲラ・メルケル氏は、祝辞で学生に「希望の6か条」を伝えます。次の a) 〜 f) は、最初の3か条の中の文です。1か条から3か条のどれに当てはまりますか。番号を書きましょう。

a) _____ Was viele Menschen nicht für möglich gehalten hatten —auch ich nicht—, wurde Realität.

b) _____ Als Bundeskanzlerin muss ich mich oft fragen: Tue ich das Richtige? Tue ich etwas, weil es richtig ist, oder nur, weil es möglich ist.

c) _____ Setzen wir die Regeln der Technik oder bestimmt die Technik unser Zusammenleben?

d) _____ Was fest gefügt und unveränderlich schien, das kann sich ändern.

e) _____ Mehr denn je müssen wir multilateral statt unilateral denken und handeln, global statt national, weltoffen statt isolationistisch. Kurzum: gemeinsam statt allein.

f) _____ In Alleingängen wird das nicht gelingen.

a) ——私も含め——多くの人が不可能だと思っていたことが現実となったのです。

b) 私は首相としてよく自問せざるをえません。私は正しいことをしているのだろうか。私は正しいからしているのか、それとも単にそれが可能だからなのか。

c) 私たちがテクノロジーのルールを設けているのでしょうか、それともテクノロジーが私たちの社会生活を決定づけているのでしょうか。

d) 確固として不変と思われることでも、変わることができるのです。

e) これまで以上に私たちは一元的ではなく多元的に考えて行動しなければなりません。国粋主義的ではなく全世界主義的に、孤立主義ではなく世界に開かれた考えをし、行動しなければなりません。つまり、私たちは孤立するのではなく、互いに協調すべきです。

f) 単独で行ってもうまくいかないでしょう。

原文の抜粋を音声に続いて発音しましょう。テキストを見ながらでもよいですが、最後はテキストを見ずに音声を聞いて重ねるように発音しましょう。

213

1) 1 か条：Dann kam das Jahr 1989. Überall in Europa setzte der gemeinsame Wille zur Freiheit unglaubliche Kräfte frei. Was viele Menschen nicht für möglich gehalten hatten –auch ich nicht–, wurde Realität. Da, wo früher eine dunkle Wand war, öffnete sich plötzlich eine Tür. Auch für mich war der Moment gekommen, hindurchzutreten. Ich musste nicht mehr im letzten Moment vor der Freiheit abbiegen. Ich konnte diese Grenze überschreiten und ins Offene gehen.

In diesen Monaten vor 30 Jahren habe ich persönlich erlebt, dass nichts so bleiben muss, wie es ist. Diese Erfahrung, liebe Graduierte, möchte ich Ihnen für Ihre Zukunft als meinen ersten Gedanken mitgeben: Was fest gefügt und unveränderlich scheint, das kann sich ändern.

214

2) 2 か条：Veränderungen zum Guten sind möglich, wenn wir sie gemeinsam angehen. In Alleingängen wird das nicht gelingen. Und so ist dies mein zweiter Gedanke für Sie: Mehr denn je müssen wir multilateral statt unilateral denken und handeln, global statt national, weltoffen statt isolationistisch. Kurzum: gemeinsam statt allein.

215

3) 3 か条：Als Bundeskanzlerin muss ich mich oft fragen: Tue ich das Richtige? Tue ich etwas, weil es richtig ist, oder nur, weil es möglich ist. Das sollten auch Sie sich immer wieder fragen – und das ist mein dritter Gedanke für Sie heute. Setzen wir die Regeln der Technik oder bestimmt die Technik unser Zusammenleben? Stellen wir den Menschen mit seiner Würde und in all seinen Facetten in den Mittelpunkt oder sehen in ihm nur den Kunden, die Datenquelle, das Überwachungsobjekt?

1 か条：そして 1989 年という年が来ました。ヨーロッパのいたるところで、自由へ共通の意志が信じられないような力が解き放たれました。——私も含め——多くの人が不可能だと思っていたことが現実となったのです。かつて暗い壁があった場所に突然ひとつの扉が開きました。私にとってもそこを通って歩む時が来たのです。最後の瞬間に自由を避ける必要はありませんでした。この境界を越えて、開かれたところへ行くことができました。

30 年前のこの数ヶ月の間、何もあるがままの状態のままである必要はないということを、個人的に経験しました。卒業生のみなさん、この経験はあなた方の未来のために、私の最初の考えとともに贈ります。確固として不変と思われることでも、変わることができるのです。

2 か条：私たちが一緒に取り組めば、良いことへの変化は可能です。単独で行ってもうまくいかないでしょう。そしてこれが私の二つ目のみなさんへの考えです。これまで以上に私たちは一元的ではなく多元的に考えて行動しなければなりません。国粋主義的ではなく全世界主義的に、孤立主義ではなく世界に開かれた考えをし、行動しなければなりません。つまり、私たちは孤立するのではなく、互いに協調すべきです。

3 か条：これまで私は首相としてよく自問せざるをえません。私は正しいことをしているのだろうか。私は正しいからしているのか、それとも単にそれが可能だからなのか。あなた方も繰り返し自分に問いかけるようにしてください。そしてこれが今日の私の三つ目のみなさんへの考えです。私たちがテクノロジーのルールを設けているのでしょうか、それともテクノロジーが私たちの社会生活を決定づけているのでしょうか。私たちが人間に尊厳を与えたり、あらゆる側面において中心に据えるのでしょうか、それとも情報、情報源、監視対象として見ているのでしょうか。

文学作品 //

フランツ・カフカ（Franz Kafka）の『変身』(Die Verwandlung) は、1912 年
に執筆され、1915 年に出版された中編小説です。冒頭の部分を音声に合わせ
て読みましょう。

Als Gregor Samsa eines Morgens aus unruhigen Träumen erwachte,
fand er sich in seinem Bett zu einem ungeheueren Ungeziefer
verwandelt. Er lag auf seinem panzerartig harten Rücken und sah,
wenn er den Kopf ein wenig hob, seinen gewölbten, braunen, von
bogenförmigen Versteifungen geteilten Bauch, auf dessen Höhe sich
die Bettdecke, zum gänzlichen Niedergleiten bereit, kaum noch
erhalten konnte. Seine vielen, im Vergleich zu seinem sonstigen
Umfang kläglich dünnen Beine flimmerten ihm hilflos vor den Augen.

---

aus ~ erwachen ～から目覚める　Träumen > Traum 夢

sich finden 気づく　ungeheuer 巨大な　Ungeziefer 毒虫

zu ~ verwandelt ～に変わった　panzerartig 甲殻のような

auf seinem Rücken liegen 背中を下にして横たわっている

den Kopf hob > heben 頭を持ち上げる

sein gewölbter brauner Bauch 彼の丸い茶色の腹

von bogenförmigen Versteifungen geteilten Bauch

　弓型の筋に分かれた腹

Bettdecke 掛けぶとん

zum gänzlich Niedergleiten bereit 完全に崩れそうになっている

erhalten 保つ　im Vergleich zu 比較すると

sonstiger Umfang 通常の大きさ

kläglich dünne Beine 情けないくらい細い脚

flimmerten > flimmern 光る

»Was ist mit mir geschehen?«, dachte er. Es war kein Traum. Sein Zimmer, ein richtiges, nur etwas zu kleines Menschenzimmer, lag ruhig zwischen den vier wohlbekannten Wänden. Über dem Tisch, auf dem eine auseinandergcpackte Musterkollektion von Tuchwaren ausgebreitet war – Samsa war Reisender – hing das Bild, das er vor kurzem aus einer illustrierten Zeitschrift ausgeschnitten und in einem hübschen, vergoldeten Rahmen untergebracht hatte. Es stellte eine Dame dar, die mit einem Pelzhut und einer Pelzboa versehen, aufrecht dasaß und einen schweren Pelzmuff, in dem ihr ganzer Unterarm verschwunden war, dem Beschauer entgegenhob.

---

geschehen 起こる　sein Zimmer lag < liegen 部屋がある

zwischen den vier wohlbekannten Wänden < Wand
　　よく知っている4つの壁の間

auseinandergepackte > auseinanderpacken 荷がほどかれた

Musterkollektion von Tuchwaren < Tuchware 布地の見本

ausgebreitet < ausbreiten 拡げられた

Reisender 旅行者（ここでは旅をするセールスマン）

das Bild hing > hängen 写真がかかっていた　vor kurzem 少し前に

aus einer illustrierten Zeitschrift ausgeschnitten < ausschneiden
　　グラフ雑誌から切り抜いた　vergoldeter Rahmen 金色の額縁

untergebracht < unterbringen 入れた　Pelzhut 毛皮の帽子

Pelzboa 毛皮の襟巻　versehen 着る

aufrecht dasaß < dasitzen きちんと座る

schwerer Pelzmuff 重い毛皮のマフ（両端から両手を入れる使う防寒具）

ihr ganzer Unterarm 肘までの腕全部

verschwunden < verschwinden 隠れる

dem Beschauer entgegenhob < entgegenheben
　　見る人に向かって掲げる

『変身　カフカ フランツ』(2017)（原田義人訳）筑摩書房より

　ある朝、グレゴール・ザムザが気がかりな夢から目ざめたとき、自分がベッドの上で一匹の巨大な毒虫に変ってしまっているのに気づいた。彼は甲殻のように固い背中を下にして横たわり、頭を少し上げると、何本もの弓形のすじにわかれてこんもりと盛り上がっている自分の茶色の腹が見えた。腹の盛り上がりの上には、かけぶとんがすっかりずり落ちそうになって、まだやっともちこたえていた。ふだんの大きさに比べると情けないくらいかぼそいたくさんの足が自分の眼の前にしょんぼりと光っていた。

　「おれはどうしたのだろう？」と、彼は思った。夢ではなかった。自分の部屋、少し小さすぎるがまともな部屋が、よく知っている四つの壁のあいだにあった。テーブルの上には布地の見本が包みをといて拡げられていたが——ザムザは旅廻りのセールスマンだった——、そのテーブルの上方の壁には写真がかかっている。それは彼がついさきごろあるグラフ雑誌から切り取り、きれいな金ぶちの額に入れたものだった。写っているのは一人の婦人で、毛皮の帽子と毛皮のえり巻とをつけ、身体をきちんと起こし、肘まですっぽり隠れてしまう重そうな毛皮のマフを、見る者のほうに向ってかかげていた。

確認練習・解答

準備編

S.13	1) 長母音	2) 短母音	3) 長母音	4) 短母音	5) 短母音	6) 長母音
S.15	1) 短母音	2) 長母音	3) 長母音	4) 長母音	5) 短母音	6) 短母音
S.17	1) アゥ[aʊ]	2) オィ[ɔɪ]	3) アィ[aɪ]	4) オィ[ɔɪ]	5) アィ[aɪ]	6) オィ[ɔɪ]
S.19	1) [p]	2) [s]	3) [k]	4) [t]	5) [s]	6) [t]
S.21	1) [v]	2) [f]	3) [v]	4) [v]	5) [v]	6) [v]
S.23	1) [ç]	2) [ç]	3) [x]	4) [x]	5) [ç]	6) [x]
S.25	1) [s]	2) [ʃ]	3) [z]	4) [s]	5) [s]	6) [ʃ]
S.26	1) [ɐ]	2) [ʁ]	3) [ɐ]	4) [ʁ]	5) [ʁ]	6) [ɐ]

本 編

S.33	1) Beet	2) offen	3) Mitte	4) Fuß	5)Weg
S.37	1) Uhr	2) groß	3) Schloss	4) Tour	
S.37	1) c)	2) d)	3) e)	4) b)	5) a)
S.41	1) vier	2) Küste	3) Tier	4) küssen	5) schon
	6) lösen	7) kennen	8) früh	9) drücken	10) Kuh

S.41   1) Ich möchte nach Köln zum Kölner Dom.

2) Ich möchte nach München zum Oktoberfest.

3) Ich möchte nach Düsseldorf zum Karneval.

4) Ich möchte nach Dänemark zum Tivoli Freizeitpark.

S.42   1) Alex duscht sich morgens und wäscht sein Gesicht.

2) Er trägt heute ein T-Shirt und Jeans.

3) Dann fährt er mit seinem Fahrrad zur Uni.

4) Heute Abend lädt ihn sein Freund zur Party ein.

5) Er kommt um 2 Uhr nachts nach Hause und schläft sofort ein.

S.43   1) Der Rhein (1230 m) ist länger als der Shinano-Fluss (367 m).

2) Der Fuji (3776 m) ist höher als der Zugspitze (2962 m).

3) Der Biwa-See (670 m^2) ist größer als der Bodensee (536 m2).

4) Der Horyu-Tempel (607) ist älter als der Kölner Dom (1322).

S.44	1) heiß	2) Käufer	3) neun	4) Leute
	5) aus	6) Baum		
S.45	1) nein	2) Lied	3) leise	

1) In den Ferien fahren wir nach Spanien.

2) Wie heißt du? Und der Familienname?

3) Thomas reist gern, aber Matthias liest lieber Bücher.

S.50   1) 無声音   2) 有声音   3) 無声音   4) 有声音   5) 有声音   6) 無声音

7) 無声音   8) 有声音   9) 無声音   10) 有声音

1) eine halbe Stunde   2) ein rundes Gesicht   3) ein langes Kleid

4) ein gesundes Essen   5) eine gelbe Blume

S.51   1) Du sagst es.   2) Karin liest viele Bücher.

3) Thomas reist nach England.   4) Gibst du mir die Karte?

5) Fragt ihr auch den Lehrer?   6) Schreibst du mir bald wieder?

S.51 1) Sag bitte noch einmal!   2) Lies das Buch!

3) Reis viel!   4) Gib mir den Stift!

5) Frag doch deine Eltern!   6) Schreib mir bitte eine E-Mail.

S.53 1) [v] 2) [v] 3) [f] 4) [f] 5) [f] 6) [f] 7) [v] 8) [v] 9) [v] 10) [f]

S.57 1) Nacht   2) lächeln   3) Buch   4) Töchter

5) Woche   6) Köchin   7) Küche   8) höchst

S.60 1) [ʃ] 2) [z] 3) [s] 4) [s] 5) [s] 6) [ʃ]

S.61 1) [st] 2) [ʃp] 3) [ʃt] 4) [sp] 5) [ʃt] 6) [st] 7) [st] 8) [sp]

S.61 1) Sie heißt Sabine und studiert Forstwissenschaften.

2) Sie macht gern Sport. Sie schwimmt samstags und spielt sonntags Fußball.

3) Heute ist schönes Wetter und die Sonne scheint.

S.65 1) Reise   2) Land   3) leben   4) Schrank

5) Gras   6) Blau   7) früh

S.69 1) Ich habe die Anzeige in der Zeitung gelesen.

2) Entschuldigung. Wie lange ist die Bank geöffnet?

3) Vielen Dank für Ihre Information.

4) Ich habe Hunger und Durst. – Ich bringe dir etwas mit.

S.70 1) Fritz 2) Geburtsdatum 3) deutsch 4) Arzt 5) Bezahlung

S.75 2 1) Bundesland   2) vergessen   3) Wetter   4) Politik

5) Geschenk   6) Auge   7) an | kommen   8) Interesse

3 1) Erdbeer | eis   2) Sonnen | schein   3) aus | sehen   4) Zeit | schrift

5) be | enden   6) ver | reisen

S.77 ○ Entschuldigen Sie! Wo ist die Bushaltestelle?

△ Sehen Sie da? Da sind die Busse. Wohin möchten Sie fahren?

○ In die Innenstadt.

△ Dann nehmen Sie den Bus Linie 40 (vierzig).

○ Vielen Dank.

△ Nichts zu danken. Schöne Fahrt!

S.80 1 1) a)   2) b)

2 1) Ich habe mein Lehrbuch vergessen.

2) Das bunte Lehrbuch.

3) Wir lernen Deutsch.

4) Es gibt jede Woche einen Test.

5) Er kann nicht kommen.

6) Ich gehe spazieren.

S.82 1 1) a)   2) b)   3) b)

S.139 1 番 Mai, grün, Veilchen, wieder, gerne, spazieren

5 番 gelinder, grüner, Kinder, bring, Veilchen, Nachtigallen, Kuckuks

S.143 2) 4) 7) 8) 10)

S.148 a) 1   b) 3   c) 3   d) 1   e) 2   f) 2

参考文献

Altmann, H. & Ziegenhain, U. (2002): *Phonetik, Phonologie und Graphemik fürs Examen.* Westdeutscher Verlag.

Becker, T, (2012): *Einführung in die Phonetik und Phonologie des Deutschen.* WBG (Wissenschaftliche Buchgesellschaft).

Catford, J.C. (2002): *A Practical Introduction to Phonetics* (Oxford Textbooks in Linguistics) Oxford University Press.

Dieling, H. & Hirschfeld, U. (2000): *Phonetik lehren und lernen.* Fernstudieneinheit 21.

Féry,C. (2017): *Intonation and Prosodic Structure.* Cambridge University Press.

Flege, J. E. (1995): Second language speech learning. Theory, Findings and Problems. In: Strange, W. (ed.) *Speech perception and linguistic experience. Issues in cross-language research.* 233-277.

Gussenhoven, C, & Jacobs, H. (2011[3]): *Understanding Phonology.* Routledge.

Hall, T.A. (2011[2]): *Phonologie: eine Einführung.* Walter de Gruyter.

Handbook of the International Phonetic Association (2007): *A Guide to the Use of the International Phonetic Alphabet.* Cambridge: Cambridge University Press.

Hirschfeld, U. (2001): Der „fremde Akzent" in der interkulturellen Kommunikation. In: Bräunlich, M.,Neuber, B., Rues, B.(Hg.): *Gesprochene Sprache- transdisziplinär.* Peter Lang Verlag.

Hirschfeld, U. & Reinke, K. (2016): *Phonetik im Fach Deutsch als Fremd- und Zweitsprache. Unter Berücksichtigung des Verhältnisses von Orthographie und Phonetik.* Erich Schmidt Verlag.

Kaunzner, U.A. (2017[2]): *Aussprachekurs Deutsch. Übungsbuch zur Verbesserung der Aussprache für Unterricht und Selbststudium.* Stauffenburg Verlag.

Kohler, K.J. (1995[2]): *Einführung in die Phoneitk des Deutschen.* Eirch Schmidt.

Ladefoged, P. & Fenning, D.Ch.(Hrsg.) (2012): *Vowels and Consonants.* Wiley-Blackwell.

Maas, U. (2006[2]): *Phonologie.* Vadenhoeck & Ruprecht.

Pompino-Marschall, B. (2009[3]): *Einführung in die Phonetik.* De Gruyter.

Ramers, K.-H. (2002): Phonologie. In: Meibauer, J. (Hrsg.) *Einführung in die germanistische Linguistik.* Metzler. 70-120.

加藤重広、安藤智子（2016）『基礎から学ぶ音声学講義』研究社
窪園晴夫（1998）『音声学・音韻論（日英対象による英語学演習シリーズ）くろしお出版
斎藤純男（2006）『日本語音声学入門』三省堂
城生佰太郎他編著（2011）『音声学基本事典』勉誠出版

●音声ダウンロード・ストリーミング

1. PC・スマートフォンで本書の音声ページにアクセスします。
   https://www.sanshusha.co.jp/np/onsei/isbn/9784384060249/
2. シリアルコード「06024」を入力。
3. 音声ダウンロード・ストリーミングをご利用いただけます。

著者

新倉　真矢子（にいくら　まやこ）
　國學院大学教授・上智大学名誉教授
　上智大学大学院外国語学研究科言語学専攻博士課程後期修了
　専門：ドイツ語音声学・音韻論、ドイツ語教育

『新装版ドイツ語発音マスター』（第三書房）、『ドイツ語・フランス語・
スペイン語の自律型聴解練習』（三恵社、共著）、„Mündliche
Kommunikation im DaF-Unterricht: Phonetik, Gespräch und
Rhetorik "（Indicium Verlag 編著）

ドイツ語の発音のしくみと実践
——基礎から理論まで

2022 年 9 月 30 日　第 1 刷発行

著　者	新倉真矢子（にいくら まやこ）
発行者	前田俊秀
発行所	株式会社　三修社

〒 150-0001　東京都渋谷区神宮前 2-2-22
TEL　03-3405-4511
FAX　03-3405-4522
振替　00190-9-72758
https://www.sanshusha.co.jp
編集担当　永尾真理

印刷・製本	日経印刷株式会社
DTP	株式会社欧友社
表紙デザイン	土橋公政
イラスト	カガワカオリ（導入編、本編）
	バント大吉（理論編）
ナレーション	Debora Diehl